建设一所新学校

JIANSHE YI SUO XIN XUEXIAO

赵桂霞○著

教育科学出版社
·北京·

赵桂霞和她的行动研究

认识赵桂霞，是在 2001 年 5 月。那一年，我调至潍坊市教育局任局长，她在局办公室工作。2002 年，她去基础教育科任副科长。为了推动潍坊市课程改革，她随团赴上海考察教育状况，回来后，她代表考察团撰写了两万多字的考察报告。通篇报告内容充满了她的发现。她善于从细节中捕捉教育真谛，发现问题，寻找潍坊教育发展的差距。直到今天，我依稀记得她写的一篇篇短文。我发现，她是一个对教育很有感觉的人。

为了推动潍坊市课程改革的运行，她在大量调查研究的基础上，协助相关领导试图建立潍坊市课程改革的运行机制，从改造学校内设部门、加强课程管理、推进课堂改革等几个方面寻求潍坊市课改机制的突破口。为推动潍坊市中考招生制度改革，从初期调研到真正实施过程中的研究改进，她都有想法，为中考改革得以顺利推进做出了自己的努力。我发现，她是一个很有研究能力的人。

　　2004 年，她调至潍坊市教科院工作，她的研究能力在这里得到施展。在教科院任副院长的两年里，她和教科院的老师们一起推动实施了"基于问题解决，致力创新共享"的机制。学年工作结束后，教科院向每位教师征集课改进行中的困惑和问题，然后将征集的困惑和问题分教研组、学校、县域三个层面分享、汇总，最后汇总到市教科院，从学生成长和课堂改革两个维度，整理形成课程改革中的"双百问题"；再将"双百问题"下发，由教师自主认领，组建"虚拟研究所"进行行动研究。教师的研究成果，由政府颁发成果奖，同时由教科院组织推介会。她和教科院的老师们在研究课程改革的运行机制，这一机制也推动着教师们的研究。

　　2006 年，她到广文中学任校长。她从孩子们入校报到的一张照片里，发现了孩子们的需求，进而与老师们一起开发出"入校课程"；她又从孩子们离校时留下的那张被砸坏的桌子上，发现了孩子们的情感需要，进而和她的同事们一起研究开发出"离校课程"；她还从学生入校时男女生英语考试成绩的差异里，发现了差异的根源，进而帮助老师们研制开发"引桥课程"，最大限度地解决了学生的学习障碍，遏制了两极分化；她从首届艺术节那个被妈妈生生拉下台的男孩的成长中，捕捉到活动对于孩子成长的重要性，从而带领全校教师将学校所有的活动课程化，并最终使"活动课程"个性化。广文中学近年来在课程创新中尊重个体的差异，尊重孩子们的选择，赢得了孩子们对校园生活的喜爱。

　　学生的学习为什么会出现分化？学生的学习难点形

成的原因有哪些？……因为对问题的敏感，在许许多多学校里早已成为"常态"的一些现象，到了她的眼里就成了"不正常"现象，就成了应该破解的难题。通过行动研究，她总能找到解决问题的办法。在她看来，这样的问题不解决，教育就无法真正迈向理想的教育。在一次次的追问中，她一步步地推动着学校教育趋近科学。

2007 年 1 月，一群有着教育理想的人开始了新学校行动研究的征程，其中，就有赵桂霞和她所在的广文中学的老师们。"理想的学校应该是什么样子？它应当具备哪些基本要素？""教师幸福吗？教师幸福的根源又在哪里？""什么样的课堂才是高效愉悦的课堂？"……她带领老师们以科学的态度，用科学的研究方式进行缜密的研究和分析，在行动中研究，用研究的成果解决行动中遇到的问题。

于是，她的学校就在她研究、收获的成果推动下不断发展着，进步着。

于是，她的理想也就在学校迈向理想学校的过程中一步步地变成现实。

真诚地祝福赵桂霞和广文中学的老师们。

李希贵

2014 年 8 月 6 日于北京

▮ CONTENTS ▮ 目 录

第四辑 改造课堂

第五辑　创新管理

写在前面

2006 年 7 月，潍坊市第一中学初中部和潍坊市第二中学初中部整合成立潍坊广文中学，我从市教科院调至这所学校做校长。广文中学所在地为原潍坊市第二中学校址，美国人狄乐播 1883 年就在此处创立一所学校。所以，这是一所古老的新生学校，从 1883 年建校以来，几易其名；这是潍坊市在校学生人数最多的一所初中学校，两校合并后有学生近 5000 人；这是一所需要进行文化融合的学校，因为两校各有自己的文化传统；这是一所社会信誉较高但也存在若干问题的学校。怎样经营好这所学校，使她在新的形势下腾飞，成为我到任以后思考最多的问题。

多年来，我心中一直勾勒着一所"理想学校"的形象。

在《谁拿走了孩子的幸福》中，我为孩子们有那样的自由而欣羡落泪。在《窗边的小豆豆》里，我为黑柳彻子能遇到那样一位校长而额手相庆。我喜欢夏山学校那种民主的教育方式，因为它是"最富人性化的快乐学校"。而帕夫雷什中学则是我心中渴慕的那所学校。

那就向着心目中的这样一所学校前行吧！

前行的路上，我要面对现实——60 人以上的大班额、家长渴望孩子升入理想高中的需求、社会对教育质量的高期待、传统教育教学方式的惯性，等等。只有把我们心中的理想与现实结合起来，才是通往理想学校的理想之路。

于是，我们开始行动研究，面向学生、家长、教师、校长、专家开展调研，获取了理想学校的关键要素，并且用行动研究的方式解决了通往理想学校道路上的诸多问题和困惑。

本书记录的，就是广文中学一路走来的点点滴滴。

本书分为五个部分，每个部分由若干篇文章构成，貌似是零散的案例故事，实则有着内在的逻辑关系。五个部分指向学校发展的五个方面，而每一部分都展现了基于该部分主题的行动研究过程、成果，以及我在这一过程中的所感所悟。

第一辑"建构理想"，主要回答一所学校怎样定位、如何确立愿景、怎样把学校愿景转化为教职工愿景、如何寻找发展路径、如何研究发展策略等问题。这些看似宏观的问题其实很微观。学校的发展就像人的发展一样，要思考"我在哪里、我要走向哪里、我怎样走向那里"的问题。这一部分还用具体案例阐明了"新学校行动研究"的五个关键词，即"客户"、"测量"、"诊断"、"流程"、"改进"，以及它们在学校中的具体应用。

我一直认为，一所对学生成长负责任的学校，首先必定要承担起教师专业发展的责任；一所能够承担起教师专业发展责任的学校，就能够成为一所对学生成长负责任的学校。广文中学建校之初，即成立教师发展部，践行"发展教师、成就学生、服务社会"的办学理念，把教师发展作为第一要务。第二辑"追寻幸福"，展现了这方面的行动研究、研究成果和具体实践。

课程是实施素质教育的载体，是学生精神成长的营养，是学校特色和品质的具体体现。教育部《基础教育课程改革纲要（试行）》规定："学校要增强课程对地方、学校及学生的适应性。"因此，在规划、建设、实施课程中，我们始终坚持"适合学生的，就是最好的"这一理念。在对理想学校要素的调查中，我们"发现"了广文中学学生"全面发展、个性突出、特质明显"的成长目标，据此设计出了广文中学"学科课程、活动课程、特色课程"的课程体系。

　　我们的课程体系不是关起门"造"出来的，而是基于"发现"，第三辑"发现课程"，用一个个案例再现了这一过程。令人欣慰的是，我们的学科课程已经通过"引桥课程、整合教材、适量练习"走向了生本化，活动课程实现了个性化，特色课程成就了广文特色。

　　学生在学校里有 70% 以上的时间是在课堂里度过的，课堂是实施素质教育的主阵地，自然是校长关注最多的地方。第四辑"改造课堂"，呈现了广文中学推动课堂改革的三个阶段，从"自主互助学习型课堂"到"高效愉悦课堂"，最后提炼成具有广文特质的"54321自主课堂"。我们把课堂改革定位于"改造"，旨在消除教师的疑虑，让其"放心"改革。广文中学的课堂改革不是依靠行政推动，而是依赖自下而上的内在自觉。广文课堂是孩子们生命成长的舞台，是师生愉悦地共度生命历程的地方。

　　管理的最高境界是让每个人都感觉自己很重要，是让每个人的智慧最大限度地迸发出来。建校之初我们就高举"科学"与"民主"两面大旗，营造民主、和谐、向上的氛围，调动每一位教职工的积极性。第五辑"创新管理"，既有学校管理层面的创新，也有学部管理层面的创新；既有对财和物管理的创新，也有对人管理的创新；既有对部门管理的创新，也有对事管理的创新。只有改革学校管理制度，才能保障方方面面改革的顺利进行和取得实效。

　　如果站在纯"科学理论"的高度评判，我们的一些探索可能很"草根"，甚至很稚嫩，但唯其如此，才有些许的生命力。因为我一直深信：任何教育理论只有与教育实践相结合，才有强大的生命力；教育实践只有提升到规律的高度，才有普遍意义和可借鉴价值。

　　以前只是希望，而现在我开始认为，多年来心中一直勾勒的那所"理想学校"，已经向我们走近……

第一辑

建构理想

JIANGOU LIXIANG

五个月未挂校牌

2006年7月，新建的潍坊广文中学校门口还没有挂上校牌，面向大路的西院墙最高处就已经镶嵌了夺目的标语："用心成就所有广文师生，全力打造初中理想学校。"周围的老百姓纳闷了："校牌不挂，先贴上标语，这葫芦里卖的是什么药？"班子成员提醒我："是不是请一位名家写个校牌挂上？"老师们也催我："校长，挂上校牌才像所学校啊！"

是的，校牌就是一所学校的身份证。但我认为，还未到挂校牌的时机。"是想让名家来写吗？我们可以去请名家啊！"班子里年龄最大的申校长再一次提醒我。

我笑而不答，我在等待机会。

广文中学是一所百年老校，从这所校园里走出了秦馨菱、陈少敏、于希宁、刘先志等一批"大家"级人物，还走出了一批各领域中的领军人物。请一位"大家"给学校题词并不难。但我不是等待这样的机会。

学校是育人的场所。学校里的每一个地方、每一次活动，只要用心策划，都可以起到育人的作用。只要学生能做的，老师就要退居其后，把舞台让给他们，让他们在展示中获得成功的体验。我在等待学生的到来，我想把书写校名的机会留给学生。张贴在西院墙高处的标语，也在传递着我的追求，只要"用心"，就能最大限度地"成就"师生。

2006年9月1日，开学了。我们制作了一个临时校名牌匾挂在门口。

2006年12月，学校开展艺术节活动，其中有一个重要的项目，是面向全校师生征集书法作品，内容是校名书写。

对此，学生们可高兴了！他们参与的积极性特别高。很快，375幅学生的校名书法作品被选送到了学校办公会上。

由谁来选定用哪幅字呢？办公会上，老师们又开始争论。

最后的结论是：请学生做主自己选。

学生发展处把375幅学生作品挂到体育馆一楼大厅，请学生为每幅作品打分，然后汇总学生的分数。有三幅作品居前列，分别是初一年级谭晔、王东京，初二年级韩其成同学的。最后，选用了谭晔的作品。因为她的字刚劲有力，结构匀称，与百年老校的厚重相得益彰。

王东京和韩其成因书写各有特色，成为书写楼名的人选。"广文楼"三个秀美的大字出自王东京之手，而"文美楼"、"文华楼"则由韩其成提笔完成。

校名是学生题写的，校名揭牌仪式也是由学生刘瑶主持的。2007年2月1日，开学后五个月的一个大课间，校名揭牌仪式在学校大门口隆重举行。校门口聚集了很多围观的社区百姓。老百姓说："这所学校不一样啊！揭牌这么重大的活动都是学生操办的，不光校名是学生写的，连主持人都让学生担任，这才是真正的好学校啊！"前来参加揭牌仪式的潍坊市教育局助理调研员田术勇先生说："请学生题写校名，我第一次听说；请学生主持这么大的活动，我更是闻所未闻。学校敢于把这样的权利还给学生，不仅让我感受到了学校的胸襟，更让我感受到了学校的追求。"

谭晔的家人被邀请全程参与了揭牌仪式。那份惊喜、那份幸福，全都写在他们的脸上。最后，谭晔被家人簇拥着在学校大门口的校名前合影，将这一刻定格，让幸福、骄傲永驻心间。

经营这所学校，可要好好思量啊

得知我要到广文中学任校长，曾任潍坊一中校长、潍坊市教育局党委书记的吴兰亭老师找到了我。

吴兰亭老师是我人生成长道路上的导师。我在一中做老师的时候，她就在这所学校任职，并使一中成为老百姓高度认可、全国闻名的中学。

"这所学校不一般啊！一中、二中的初中部，都是老百姓认可的。怎样发展，要好好思量啊！"

的确如此。一中、二中的初中部历来是老百姓首选的，它们凭借较好的设施、优秀的师资和优异的教学质量，在行业内被称为优质学校。要把广文中学建设成一所什么样的学校——是固守，还是超越，这确实是一个新任校长必须回答的问题。

不断萦绕在我心头的，是读《窗边的小豆豆》时，黑柳彻子在巴学园里那种快乐无忧的校园生活；是读《谁拿走了孩子的幸福》时，从李跃儿的真教育中体验到的那份愉悦；是读《给教师的建议》时，帕夫雷什中学里苏霍姆林斯基和孩子们之间发生的一个个爱的故事。这些学校、这样的教育，总让我怦然心动，心向往之。

我也要建设这样的学校，也要建设一所能给学生带来快乐的学校！

我知道，快乐只能用快乐来影响，幸福只能用幸福来创造。因此，"学生快乐"、"教师幸福"应该成为未来学校的主要元素。

一所新建校还应该有怎样的追求？我继续苦苦思索。

当时，任教育部基础教育质量监测中心负责人的李希贵老师正在思考优质学校的突破问题。2006年年底，他约了原来的几名部下，其中有我，一起做客东营市胜利第四小学，研究优质学校的发展问题。

李希贵老师认为，随着基础教育课程改革的推进和素质教育的逐步深入，我国涌现出大量具有自身发展特色、教学质量高、办学条件好的优质学校。这些学校赢得了社会的赞誉，获得了各种各样的荣誉称号。但是，在相当多的学校里，学生并没有感到愉快和幸福，他们学得很苦、很累，甚至厌学。他建言，长期包围在鲜花和掌声中的优质学校，应该实现自身的突破，让身处其中的学生感受到学习的快乐，让教师感受到工作的愉悦，让家长满意、社会认可。

在这次研讨会上，未来学校的定位被确立下来，即"学生向往、教师幸福、家长满意"。而未来的学校，也被我们赋予了一个新的名词：新学校。

通过这一次研讨，我们初步形成了建设"新学校"的运作机制：通过对参与者所在学校及相关实验学校的测量、透视、诊断、追踪和对比、分析、研究，着手解决学校课程、学生、制度、文化、教师和校长发展中存在的问题，提取理想学校的基因，破解理想学校的密码，构建理想学校的模型，让优质学校（外在评价）成为师生向往的理想学校（师生感受），使优秀校长成为教育家。这就是"新学校行动研究"项目中我们的愿景。

真是"得来全不费工夫"，这次会议让我对广文中学未来的发展方向和基本路径的认识变得更加清晰了。

2007 年 1 月 6 日，"新学校行动研究"启动仪式在北京师范大学兰蕙公寓的一个小会议室里举行。外面寒风凛冽，屋内温暖如春，与会代表都被"新学校行动研究"项目中伟大的设想所感染，大家的脸上都洋溢着幸福的微笑。最初加盟"新学校行动研究"研究团队的二十几所学校成为其骨干学校，李希贵老师在会议中详细阐释了"新学校行动研究"的内涵。

有了专家的引领，我的目标也变得越来越清晰，那就是建设一所"学生喜欢、教师幸福、家长满意、社会认可"的理想的初中学校。

理想的初中学校什么样

我们明了了"新学校"的内涵，明确了"新学校"建设的行动目标，也有很多中外学校的办学经验可供我们借鉴，广文中学作为一所新组合的学校，该往"新学校"的方向前行了。

路在何方呢？

我们要建设的"学生喜欢、教师幸福、家长满意、社会认可"的学校，到底是一所怎样的学校？学生喜欢什么样的学校？什么样的学校能让教师感到幸福？学校要具备哪些要素才能赢得家长和社会的认可？我和我的团队拿起了"研究"的武器，开始了通往理想学校道路上的第一个行动研究。

对理想学校要素的研究是开放和多元的。我们面向学生、教师、家长、校长、专家进行问卷调查："请写出你心中的理想学校的十个关键要素，从最重要的开始。"

汇总本校 500 名各年级学生的调查结果，我们统计出这样的答案（从最重要的开始排列）。

◎ 有丰富多彩的学生活动

◎ 有多元、学生喜欢、可供选择的课程

◎ 有自习课和可以自由活动的时间

◎ 校园环境整洁优美

◎ 有高素质的教师队伍

◎ 学校管理规范有序

◎ 教室宽敞明亮，干净整洁

◎ 学生积极向上，文明礼貌，全面发展

◎ 有气氛活跃的课堂

◎ 有先进完备的教学设施

家长们对"理想学校的要素"的陈述和学生们的需求几乎一致，但在内容排序上却发生了明显的变化。

◎ 有良好的校风、校纪，学生学习、生活井然有序

◎ 有开明、高瞻远瞩的校领导，有品德高尚、关爱学生的教师队伍

◎ 学习氛围和谐、轻松、浓厚，学生压力小，没有过多的课外作业

◎ 教师素质高，师生关系融洽

◎ 有齐备的教学设施，教室宽敞明亮

◎ 有合理的课程体系，实现学生多元发展

◎ 有先进的办学理念和人性化的管理制度

◎ 有积极向上的学校文化

◎ 学生有可以自由支配的自主时间

◎ 校园环境整洁优美

学生和家长的选择不同，学生们更加关注自身的需求，尤其是时间和空间，丰富的活动、多元的课程、充足的休息时间在学生的心目中位次较高；而家长们更加关注学生发展的大环境，如校风校纪、校长的高瞻远瞩、学校的学习氛围等。可喜的是，学生和家长都特别关注课程的建设，期望学校能够开发出丰富多元、学生喜欢、可供选择的课程，以实现学生的多元发展，而且在学生的心目中，课程占有更加重要的位置。

综合各类人员对理想学校的描述，我们捕捉到了理想学校的八个特征，并由此确立了理想学校的建设路径。

◎ 构建适合学生、可供选择的多元课程

◎ 建设师生互动、高效愉悦的自主课堂

◎ 提供自主发展、个性张扬的成长空间

◎ 培养素质全面、幸福愉悦的教师队伍

◎ 打造高瞻远瞩、理念先进的干部队伍

◎ 营造积极向上、民主科学的文化氛围

◎ 建设优美整洁、环境幽雅的和谐校园

◎ 创造设施完备、资源充足的教学条件

现在回想起来，我们调查研究的过程也是统一全校员工思想、形成

共同愿景和价值观的过程。"校长对学校的领导，首先是教育思想的领导"（苏霍姆林斯基），其核心在于价值思想的领导。只有校长的价值思想转变成每位教职工的想法，好理念才能落地，共建理想学校的愿景才能达成。

一个学年，解决一个主题问题

有了明晰的目标，有了具体的路径，广文中学似乎可以前行了。

问题是：我们先打开哪条路径呢？不能眉毛胡子一把抓唯。

唯物辩证法认为，在事物自身包含的多种矛盾中，每种矛盾所处的地位、对事物发展所起的作用是不同的，总有主次、重要非重要之分。其中必有一种矛盾与其他诸种矛盾相比较而言，处于支配地位，其对事物的发展起决定作用，这种矛盾就叫作主要矛盾。正是由于矛盾有主次之分，我们在想问题、办事情的方法上也应有重点与非重点之分，要善于抓重点，集中力量解决主要矛盾。

我们必须找到每个学年中对学校发展起决定作用的那个要素，将其确立为学年主题。一个学年，我们计划解决一个主题问题，靠这个主题问题的解决带动全局工作。因此，"主题发展，整体推进"的工作策略被我们确定下来。

学校发展中起决定作用的主题有哪些呢？

我们组织中层以上干部开展了头脑风暴，按照 SWOT 分析法，根据优势、劣势、机遇和建议四个维度，研究具体的、可操作的学校"行走"计划。各小组对每个维度的要素按重要程度进行排列，我们整理后发现，排序最靠前的，集中在理想学校的五个内涵因素上：课程、课堂、学生、教师、管理。

从第一个学年开始，我们确立了五个主题发展年，依次解决上述五个主题的问题。

看过很多学校的兴衰，我们坚定地认为，课程建设和课堂改革离不开教师的成长，学生的发展维系于教师的成长，学校的生命力在于教师的成长，五个主题的突破点聚集在教师发展上。

在研讨会上，我们把广文中学成立后的第一个学年，也就是2006—2007学年的主题定为"教师发展年"。之后，依次确立为"高效课堂年"、"精品课程年"、"学生成长年"及"精细管理年"。

在"教师发展年"里，我们"设沙龙"、"写随笔"、"交反思"、"考课标"，实行"每日公开课"，组织"班主任论坛"等，老师们投入了大量时间，付出了很多辛劳。学校的课堂悄然发生着变化，老师们的课程意识逐步确立起来，育人的理念也有了很大改观。

经过了"教师发展年"，其他的主题发展年，推进得特别顺畅，且卓有成效。广文中学"54321自主课堂"，"三位一体"的课程体系，自主参与、实践体验的学生发展方式，以及"常规工作走流程"等科学管理手段，都是我们主题发展年的实践成果。

多年来，我们每年的工作计划和后三年的学校发展规划，都是中层以上干部和骨干教师参与研讨，围绕课程、课堂、学生、教师、管理五个内涵因素，经过头脑风暴确立下来的。

至2011年暑假，我们的第一个五年计划顺利完成。在学校二届一次教代会上，老师们总结五个主题发展年的工作时，全体代表充分认可"主题发展，整体推进"的工作策略。新的五年，我们的目标依然是"主题发展，整体推进"。只不过，不再是过去内容的循环，而是更深入地挖掘主题发展的内涵。

把我们的行动拿出来研究

方向明了了，路径清晰了，策略也确立了，我们该大胆地前行了吧。

但是，还不够。我们还缺少方法。

如果没有科学的方法做指导，一旦前行的路上遇到障碍，我们就可能会被迫停下前行的脚步。

障碍往往表现为我们在实践中可能遇到的困难，这些困难我们只能在实践中寻找解决办法。我们要研究困难产生的原因，追问解决问题的途径，确立破解困难的方法。我们采用行动研究的方法，在专家的指导下，对学校发展中产生的问题逐一破解，边研究边行动，这成为我们寻求迈向理想学校之路的有效方法。

在行动中研究，把在行动中遇到的问题、困惑、矛盾作为我们的研究对象。在研究中行动，将研究的成果随时付诸行动，成为我们破解学校发展中的困惑、解决学生成长中的问题的学校发展之路。

在第一学年的"教师发展年"里，围绕"教师发展"，我们开始了持续的行动研究。

我们将"教师"的相关因素分为两大系统，即操作系统和动力系统。操作系统主要解决与教师职业直接相关的问题，诸如工作常规、提升教师专业水平和能力、做学生喜欢的教师、做优秀班主任、青年教师成长等，也就是优化教师的工作质量、更好地服务家长和学生的问题。动力系统主要解决教师立体化发展的原动力问题，包括激发教师成就动机、构建人文管理制度、学校文化引导、建设和谐关系、打造幸福家庭、提高教师幸福指数等。

首先从本校教师入手，又从市区选择了几所不同层次和类别的学校，调研教师的工作状态、生存状态、身心状态。我们进行了"教师职业幸福感现状及来源研究"、"教师职业发展心态研究"、"教师工作状态满意度研究"、"名师成长轨迹研究"等多项研究。从千余名教师参与的调研数据中，我们发现了教师的真实现状，捕捉到了教师工作的需求。同时面向学生和家长展开调研，从服务对象的视角了解教师发展的方向。

我们发现，最有效的行动研究方式，就是持续不断的追问。

调研教师的幸福指数后，我们继续追问教师："幸福感的来源有哪些？"当我们发现教师的幸福感主要源于成就感时，我们再追问教师："请写下你有成就感的几次经历，从最重要的开始。"继而追问："你认为学校中哪些人是成功人士呢？请举例说明，并说明理由。"最后我们又反向追问："从工作的角度看，你不幸福的原因有哪些？请写下来，从最主要的原因写起。"在大量对比分析和研究面前，教师明白了自己的成就感主要源自学生的发展，还有来自领导、同事、家长、学生的认可。而这一切，都与教师自身的发展紧密相连。

由此，我们推行了一系列发展教师的行动举措，这也是在我们的行动研究中确立的，所以特别有实效。

2007 年 1 月，在"新学校行动研究"启动大会上，我以"通过我们的行动，让教师走向成功"为题，汇报了广文中学成立后我们实施的教师发展研究项目的阶段性成果，得到了李希贵老师和与会代表的高度评价。尤其是我们采用了"用数据研究我们的行动，把研究成果转化为行动"的做法，使广文中学被大会专家评为最符合"新学校行动研究"宗旨的学校。

我们的行动研究，使用了"新学校行动研究"倡导的五个关键词：客户、测量、诊断、流程、改进。

寻找 "客户"

客户，即服务对象。

在学校里，不同的工作岗位有着不同的服务对象。只有让每个岗位的教师都明确自己的服务对象，他们才能更好地做好本职工作。所以，广文中学成立之初，全校开展的第一个大型活动就是人人"寻找我的服务对象"。

那一段时间，老师们见面问的第一句话就是："你觉得我的服务对象是谁?"

这么多年来，教育界没有厘清这个常识性问题。所以，在分别进行的教师、职员、干部分享会上，我们看到了以下令人啼笑皆非的回答。

化学实验员说："我的服务对象是仓库保管员。因为实验室里用的烧杯、药品都是向仓库保管员领取的，化学实验室器材的损耗程度，也规定了一定的比例。我要对仓库保管员负责，对他负责，就是对学校负责。"

仓库保管员说："我的服务对象是王主任（后勤分管仓库保管的副主任）。因为仓库里购买的物品，都是经过王主任同意才进货的。每个月入库、出库的物品数量，都要报送王主任。王主任对学校负责，我对王主任负责。"

课程管理处主任说："我的服务对象是校长。学校制订的年度计划我要落实，校长安排的任务我要完成。为校长服务，就是对学校负责。"

……

不难想象，当学生做实验打碎了一只烧杯时，化学实验员一定会发火；而当实验不能进行时，化学实验员或许会认为这没有什么。

仓库保管员一定会把自己定位为管家，就连自己的岗位名称都是"保管员"嘛。他认为，保管好物品，是他分内的职责；而物品使用多少、效率如何，才不是他要关心的事情呢！

课程管理处主任，虽然有了课程管理的名分，但过去的干部管理体制使他形成了惯性思维：校长的事多小都是大事，教师的事到了他这里，就成了无所谓的事情。

这些"无所谓"长期累积下来，就成为"有所谓"的大事情：校内学生抱怨、教师抱怨，校外家长抱怨、社会抱怨。

第一次寻找时，各岗位的教师能真正明晰自己服务对象的太少了！于是，我们引导他们再回到学校的愿景中去寻找。

要建设一所"学生喜欢、教师幸福、家长满意、社会认可"的理想学校，首先要得到哪些人的认同？学校因何设立？教师因何存在？职员岗位设置的目的是什么？管理的职责在哪里？

回到原点再寻找，各类人员的服务对象逐渐明晰起来。

化学实验员知道了他们首先要为化学教师服务，通过服务化学教师服务全体学生。于是，化学实验员把服务对象设定为两个层级：第一层级为化学教师，第二层级为学生。

仓库保管员知道了他们服务的第一层级为各部门负责人，第二层级为各办公室负责人、各教室负责人。

课程管理处主任服务的第一层级为学部主任、学科主任，第二层级为教师。

学生发展处职员服务的第一层级为班主任，第二层级为学生。

年级教务员服务的第一层级为教师、学部主任，第二层级为学生。

……

仅仅停留在寻找上还不够，如何引导每一名教职工关注各自服务对象的需求，急客户之所急，才是我们最终要实现的目标。于是，修订学校制度，也就成为我们的首要任务。

过去学校对教职工的考核比较简单，对教师，主要看教学质量；对职员，主要靠团队内部主观投票，凭的是印象。

"我的岗位是服务对象提供的"，服务对象的满意度应该纳入考核评价中。

修订后的广文中学教职工考核制度规定，每学期，学生、家长对教师工作进行满意度评价，所有学生、家长的平均满意度作为系数乘以教师工作考核分数，才是教师考核的最终结果。每学期，每个岗位服务对象的评价结果，直接纳入对职员的考核，占比40%。

于是，每个学期结束的时候，人力资源部忙得不亦乐乎，不同的岗位有不同的服务对象，使用不同的评价表格。尽管繁杂，但效果鲜明。

如今，"满意度是重要的工作业绩"已经成为广文中学的一种文化。

倾听"客户"的抱怨

我们对身体健康的维护，更多地依靠自己的感觉。感觉身体不舒服，就会到医院请医生诊断，然后吃药、打针。不舒服的症状消失后，身体会立即感到轻松。而有些病，我们的肌体却一点儿感觉也没有，一旦明显感到不适，就已经来不及治疗了。所以，定期体检成为我们维护身体健康的必要手段。

如果把学校看作是一个肌体，它也是需要定期"体检"的。不同的是，学校肌体的哪个部分有问题了，我们常常感受不到。一旦我们，尤其是校长感受到学校哪里有问题了，可能就是大问题。而这个问题对学生的影响，或许是无法弥补的。

因此，学校要尽早发现自己的"病痛"，不要等到问题出现。

研究发现，一个人明确知道的事情，只占15%左右，在这个范围内做事情，一般不会出现问题；明确不知道的事情，占30%，每个人都会回避在这个范围内做事情，所以也没有风险。最可怕的是，有55%的事情，自己并不知道，却以为知道。这占55%的就是常常给我们带来风险和问题的部分。

就学校的结构系统看，无论采用矩阵结构，还是采用垂直结构，校长的管理都离不开中层干部和教师，潜伏在每个人身上的55%是不重叠的，如此累加下来，学校里可能出现问题和风险的比例会更大。

因此，学校肌体的"病痛"，不能依赖于"自己"的感受，而要通过他人发现。这个重要他人应该是"客户"。

学校因学生而存在，学校的所有举措都会影响到学生的发展。学生的校园生活质量，应该成为反映学校教职工工作质量的一个载体，也是我们寻找学校"病痛"根源的主要途径。对一所学校来说，第一重要的就是倾听学生的抱怨。

此外，家长、教育行政部门、社区以及相关部门也是学校的服务对象，我们也应该定期或者不定期地倾听他们的声音。经常了解他们的需求，倾听他们的抱怨，我们就会不断发现学校"病痛"之所在。

在倾听中，我们捕捉着学生成长中的一个个问题；在追问中，我们寻找着解决问题的一个个方法和答案。

"你最不希望老师说的话是什么？请写下来，从最重要的开始。""你最不希望老师做的事情有哪些？请写下来，从最重要的开始。"通过问卷调查，我们汇总出"广文教师忌语十条"和"广文教师不得出现的十种行为"。

学校里每个人岗位不同、职责不同、服务对象不同，但都要学会倾听自己"客户"的抱怨。

每年聘任结束，各个岗位的教职工寻找到自己的服务对象后，就开始了"倾听客户"的行动。

图书馆的老师们确定了自己的"客户"是学生和老师，于是，他们下发调查问卷，了解师生的需求，倾听"客户"的抱怨。师生普遍反映，

"现有图书不能满足阅读需求，新购图书也不是自己特别喜欢的"。通过进一步调研，图书馆的老师们了解到学生的阅读需求，了解到教师购书的愿望。然后，他们排查书库里现有的图书情况，向专家请教关于学校采购图书的建议，从网上查找图书资源，鼓励教师外出开会时购买自己喜欢的图书……如今，这些已经成为图书馆每年采购图书的必经程序。如何为学生、老师提供更好的服务，怎样使图书资源更好地发挥作用，成为每位图书管理员老师的价值追求，图书馆的图书借阅率从 2007 年的 5.27% 提高到 2012 年的 51.88%。而且这一数据还在稳步提升。

寻找自己的"客户"，倾听"客户"的抱怨，这种自我诊断的方式也提升了所有教职工的服务意识和服务水平。

丈量自己的"痛"

2012 年 7 月，当我把初三年级学部主任的接力棒又交给刚刚送走毕业年级的陈主任时，她明显变得焦虑了。在 8 月份举行的一年一度暑期中层干部战略研讨会上，她不断向我倾诉她的困难和压力。解决她的焦虑情绪，引导她发现问题，寻找问题背后的原因，关注解决问题的办法和措施，成了我的当务之急。在一个闲暇的时间，我们探讨了以下话题。

你考虑初三的工作多久了？几天，几周，还是更长时间？

多久想起一次来？每小时，每天，或者每周几次？

你每次考虑这件事情需要多少时间？用几分钟还是几个小时？

这件事情对你来说有多重要？以 10 分为满分，你给这件事情打几分？

对你来说，这件事情的优先次序如何？以 1 到 10 为序，排第几？

你想得最多的问题是什么？把思考最多的重要问题依次排下来。

……

我发现，当我们的对话用数据来表达时，她的眉头开始变得越来越舒展，她开始关注、寻找方法，解决问题，而不是让自己深陷问题之中。两个小时的交流后，她已经有了关于调动教师积极性、激发学生主动性、实现课堂高效愉悦、做好常规管理等的诸多办法。初三学部的工作思路形成了，工作备案表随即配发。开学后初三工作秩序井然，一个又一个工作得到落实，我们一步步实现了当初设定的预期目标。工作依然繁重，但她安排得井然有序，焦虑也无影无踪了。

每个人的"痛"都是可以衡量的，衡量出来的数据能让我们深入地思考，能让我们的思维变得更加清晰。而且用数字表达简单、直接，容易保存在我们的意识之中，使我们的行动力更强。

第一次发现数据的魅力，是在一次面向学生开展满意度调查之后。

2007 年 1 月，广文中学成立后第一次面向学生开展调研："你对任课老师的认可度有多大？如果 10 为最高，1 为最低，各学科老师分别是几？""你对班主任老师的认可度有多大？"……数据收回来后，我们进行了各种比对。

不同年级同一学科的教师纵向比较后我们发现，年级越低，学生的满意度越高，到了初三年级，学生的满意度最低。

这个数据引发了我们的深入思考。从三个学部主任的管理水平看，初一年级的管理并不占明显优势，甚至在很多方面，初二、初三年级的管理水平要高于初一年级。原因何在？

初一、初二年级的认可度，更多的是基于学部的管理水平。而初三年级，则受很多会产生焦虑的因素影响。如果学部主任变得焦虑了，则整个学部就会变得焦虑；如果班主任变得焦虑了，学生也就会一同变得焦虑。最为重要的是，每个老师对学生的要求会更严格，对学生的错误会更不能容忍，于是，初三年级师生关系较为紧张，学生对同一个老师的认可度就会随着年级升高而下降。其中，有一个在初一、初二年级满意度较高的老师，在这次满意度调研中，学生对其满意度竟然降到了最低。这个学期有不少家长反映，她对学生要求太苛刻。

管理焦虑，成了初三学部主任管理中的主要问题。于是，我们不再只是关注目标，而是更多地引导老师们关注过程，与他们一起发现问题，寻求解决问题的途径。如今，各年级教师平均满意度与年级管理水平基本一致，焦虑不再成为影响学生学习的重要因素。

广文中学的每一个教师都学会用各种方法衡量自己的"痛"，学校也对各部门的工作不断丈量着，由此推动各部门工作的改进。

数据无时无刻不显示出它的魅力，我们也由此形成了广文中学的数据文化。

常用的六种测量方法

在日常工作中，我们常用的数据测量方法有六种。

一、排序法和赋分法。比如，我们就学生喜欢什么样的课堂进行调研："请写下你喜欢的课堂的 10 个特征，从最重要的开始。"汇总时，我们对学生的回答赋分，从前往后依次赋值 1—10 分，把若干问卷中相同要素的分数相加，得分最低的就是排序最靠前的。汇总下来我们发现，学生喜欢开放式课堂，师生互动、生生互动的课堂，课堂改革因着学生的需求而大力开展起来。这样的调研可以做很多，如"学生喜欢的校园的 10 个地方"、"学生喜欢的老师的 10 个特征"等。

二、响应数值法。比如，"如果 10 表示最高，1 为最低，你对老师的满意度有多少?""你对课堂的满意度有多少?"广文中学每个学期结束时，校领导、老师都会倾听学生、教师、家长的声音，从若干数据中发现需要改进的工作切入点。当发现学生对语文老师的整体满意度不高时，我们继续研究，开启了语文主题学习的大门，极大地提升了学生的语文素养。当我们发现家长对学生的课业负担满意度偏低时，便启动了"习题训练知多少"项目的研究，进行"适量练习"，有效减轻了学生的课业负担。

三、汇总统计法。这是最简单易行的统计方法，即计算某个要素所占的比例，这种方法可以随时使用。我在听一节物理讲评课时，发现课堂设计流畅，但没有完成预定任务。反思这节课时，我与物理老师分析，当各小组把解决不了的问题写到黑板上后，如果教师和学生一起进行汇总统计，就会发现，学生需要解决的九个问题中有五个问题是"合力"问题，解决了"合力"问题，也就解决了56%的课堂问题。第二节课，物理老师借鉴上节课的经验，在课堂上引导学生高效完成了学习任务。在每次考试结束后，我们多采用汇总统计法统计每道题的得分率。

四、头脑风暴法。这是广文中学经常采用的方法，可以个人进行，也可以集体组织。当我们查找问题背后的原因时，当我们寻求破解问题的办法时，当我们梳理某项工作的策略时，常常采用这种方法。广文中学的会议室、教师会馆里张挂着若干张书写了很多条目的大白纸，这都是教师头脑风暴的结果。头脑风暴即十几个人一个小组，围绕一个话题，每人发表观点，一轮又一轮，直到观点全部表达出来为止。然后，小组内的成员一起对各种观点进行汇总，并进行排序。广文中学各学科的课堂教学法、有效教学策略等，都是学科教师头脑风暴的结果。每年的工作要点、每三年的发展规划，同样是中层以上干部和骨干教师围绕"优、劣、机、危"四个维度进行头脑风暴的结果。

五、网格图法。借用企业中经常使用的管理方格理论，设计教学中使用的网格图。在"课堂教学流程效益网格图"中，横坐标表示不同学习方式产生的效能，纵坐标表示各种学习方式及所用时间。在课堂上，老师哪个环节用了几分钟、学生参与率高低、效能大小，一目了然，我们据此评析课堂，效果相当好。在进行语文主题学习改革时，我们同样采用网格图分析语文改革过程中存在的风险，并预先控制，保证了语文主题学习的顺利进行。

六、鱼骨图法。这是一种不断追问问题"根本原因"的方法，也被人们称为因果图。把问题作为鱼骨，问题背后的可能原因作为鱼刺。顺着鱼骨，一层一层地寻找，先找大要因。比如"学生作业多"的问题，可能有课堂效率的问题、管理的问题、教师理念的问题、评价的问题、环境的问题等原因。再找中小要因，比如，课堂效率的问题中有小组机制不健全、学生参与率不高、教师备课不充分等问题。然后，我们再用特殊符号将自己认为重要的因素标识出来，就可以制订行动计划了。2006年广文中学成立时，我们就是用这个办法寻找战略计划的，直到今天，当年寻找的关于课程、课堂、教师、学生、管理五个方面的 20 个主题词，依然发挥着推动学校发展的重要作用。

追问，让问题水落石出

2007 年 2 月，广文中学成立后的第一个学期结束了，我们首次请家长对学校工作进行满意度测评。测评设立了素质教育、课堂教学、职业道德、年级管理、课业负担、公开公平、关爱学生等七个维度，每个维度都设有 10 个等级，10 为最高，1 为最低。每个家长对每个维度都评出相应的数值。通过汇总近 5000 名家长的反馈后发现，家长对学生课业负担的满意度最低，为 8.784。

在专题研讨会上，针对"家长对学生课业负担的满意度最低"问题，大家一致认为是因为学生课后作业的数量过多。

是这样吗？

当周，我们请15名教学一线干部入户调查学生作业现状，并跟踪所调查学生的课堂学习以及学业状况。一周之后，150名被调查的学生的情况被我们汇总出来。

第一，教师给学生布置的作业量普遍较大。在这150名学生中，平均做作业时间为1小时50分钟，最长时间为2小时15分钟，最短时间为1小时35分钟。上级部门规定，初中作业时间不超过1小时30分钟。

第二，学生对作业的兴趣值不大，平均值为6.2。学生最喜欢的作业是数学作业，最不喜欢的作业是语文作业。

第三，学生完成作业的质量普遍较高，错题率低。

我们又对这150名学生的课堂表现进行跟踪调研，调研发现课堂表现越优秀的学生，学业成绩越优异，二者呈现出明显的正相关性，而学生作业质量的高低与学业成绩的关系不明显。

看来，不仅是作业的量，作业的质也出问题了。

某老师主动用自己所教的两个班级学生进行数学学科做作业和不做作业的对比实验。在学习第一单元时，两个班的学生都做作业；学习第二单元时，一个班级考试获A等的学生不做作业，另一个班的学生都做作业。对两个单元的考试成绩进行对比分析，发现两个班级学生的两次考试成绩没有显著变化，甚至不做作业的班级A等学生更多；不做作业的学生两次成绩纵向对比，也没有显著变化，A等学生重合率86%，在常态变化范围内，第二单元考试的A等学生的平均分数更高。

当把时间和空间还给学生的时候，学生在寻找适合自己的作业，学生对作业的兴致也更大。如何提高学生的作业质量被我们提到议事日程。

还有没有别的原因？

分析这七个维度的满意度，我们发现除了学生课业负担重以外，对课堂教学的满意度也不高，只有9.1，而其他五项都在9.5以上。两个满意度不高的项目，本质上是一个问题，即教师的课堂教学效率。当教师的课堂教学不够高效的时候，为了提高教学质量，必然要加大作业量，从而导致学生课业负担重。所以，大力推动课堂教学改革，提高课堂效能才是解决问题的根本途径。

而课堂教学改革并非一日之功，在大力推动课改的同时，我们必须在规范作业的质量上下功夫。

我们开始不断地追问，并得出以下答案。

家长为什么不满意孩子的作业量？因为孩子的课业负担重。

学生课业负担重的原因在哪里？因为各科老师都布置作业，而且数量较大。

为什么各科老师要大量布置作业？因为老师们担心学生在课余时间不学习自己的学科，影响本学科的学习成绩。

老师们为什么担心学生不学习自己的学科？因为有的学科老师在争抢学生的时间。

老师们为什么都在追求好的成绩？因为评价老师时，成绩起了决定性作用。

持续追问下来我们发现，解决各学科教师争抢学生做作业的时间问题，本质上是要解决评价办法问题。

于是，一方面，我们调整了教学质量在老师评价中的比重——从50%下降到25%；另一方面，我们每学期调研学生对各学科作业的满意度，教学质量指标不再单纯以任教班级学生的考试成绩计算，而是学生考试成绩乘以作业满意度系数。这样的改变，推动着教师减少布置作业的量，而专注于作业的质；我们启动的"习题训练"行动研究，更推动着教师自觉进行课改。

数据表达的信息，不见得是问题的实质，要多问几个为什么，才能真正进入"诊断"问题的过程，而这本质上就是行动研究。

流程有异，结果不同

学校第三届"课堂教学工作研讨月"的课堂教学大赛，是以同课同构的形式进行的，即教研组老师集体备课，同年级同学科的参赛老师使用相同的教案、学案进行教学。大赛的目的是借此发现教师的个性教学特点对课堂教学效能的影响。

初一年级数学学科老师们参赛的是习题课，内容为一元一次不等式。教研组老师共同确定了五道题目，题目设计精到，一道题目一个台阶，而且老师们对如何以习题为载体巩固基础知识、如何从五道题目向外拓展延伸、每道题目可能出现的问题、哪类学生可能出现疑问等都进行了研究，并在备课时将问题设计进了教案。上课时，刘老师采用小台阶、慢步走的方式，一道题一道题地进行，每道题目都是学生先自主做题、小组讨论，然后由老师点拨、巩固落实。王老师则把五道题目划分为两个环节，第一个环节 6 分钟解决前三道相对简单的题，第二个环节解决后两道相对较难的题目，用时 12 分钟。课后的当堂达标显示，刘老师的课堂优秀率、及格率分别为 65.5% 和 94.5%；王老师的课堂优秀率为 63.6%，及格率为 89%。

在我们平时的印象中，王老师的课堂达标率似乎应该更高，王老师语言简练，善于从结构上把握数学知识，推动学生思维，深受学生喜欢。

"课堂教学流程效益网格图"显示出，两节课内容一样，执教的具体流程不同。在王老师的课上，第一个环节进行得很顺畅，三道题相对简单，每个学生都能投入其中，"课堂教学流程效益网格图"显示出，这个环节学生的参与率高达98%。进行到第二个环节时，数学成绩优异的学生早就完成了学习任务，无事可做；学习能力薄弱的学生则努力做也做不出来。这个环节学生的参与率低，而且没有很好地发挥"兵教兵"的作用。

而刘老师的课堂上，总是解决一个问题后转入下一个问题，每一个问题的解决都实现了全员参与，学生在课堂上的参与率高，教学效能自然高。

流程各异，结果不同。

在推动课堂改革的过程中，我们不断地走进课堂，用数据衡量每个老师的课堂教学环节、达标情况。有一次，张老师汗流浃背地讲了三道证明题，课堂结束前进行达标检测，达标率为56%（以考试80分以上计算）。到第二个班上课，他改变了教学流程，不再是自己讲，而是先让学生做、小组讨论、班级展示，他仅起精讲点拨的作用，结果达标率为82%。

回头看张老师上的第一节课，当张老师激情四射地讲题时，我观察到，绝大部分学生不动笔，只是在听。我周边的两个小组八个人，只有两个女生（组长）边听边写。那是三道证明题，听的时候学生明白了，一动笔证明求解时问题就暴露出来，学生不能将内在的思维活动转化成外在的表达形式。第二节课，无论自主学习，还是小组讨论、展示质疑，学生参与率都为100%，而且学习内容落实到了学生的笔头上，课堂达标率高也就是必然的了。

只有流程正确，结果才能有基本保证。

"问题点"就是改进处

所有到广文中学参观的人，对广文中学"三位一体"的课程都感叹不已："你们怎么有这么多点子？教师们怎么有这么高的水平？你们怎么在短时间内开发出这么多内容丰富又独具特色的课程来？"

2008 年，是广文中学的"课程建设年"。在确立了建构课程体系的年度目标后，每个教师都深感压力巨大：从哪里入手？怎么开发？如何激发每个人开发课程的力量？

经过不停地思考，不断地研究，我们的课程开发行动逐步明晰起来。

课程是为学生成长服务的，只要发现学生成长中的问题（困惑、需求），就会找到课程开发的切入点，从此，我们走向了"发现"课程之旅。

课程是学生精神成长的营养品，什么样的营养品最适合学生的口味，怎样的课程形态学生能吸收，我们都需要听听学生怎么说——"倾听学生的声音"成了教师们开发课程的重要载体。

要唤醒教师开发课程的动力，就要让教师看到效果。在长期的观察和研究中我发现，教师的成就感来自学生的发展，只要看到课程实施后见效了，教师就会主动参与其中。因此，选取见效快、相对单一的课程项目进行开发，成了"课程建设年"里教师们的最佳选择。

2008 年 6 月，第二届毕业生要离校了。想起第一届学生离校时的场景——被砸坏的桌凳，被破坏的黑板，甚至个别学生对同学和老师的那份冷漠，每个人都感到揪心。学生们用我们难以理解的方式表达着他们的"抱怨"。

学生怎么了？通过"倾听学生的声音"，我们知道他们有情绪了。初中生正处于情绪的多变期，不舍得离开而又不得不离开，他们用各种不可理喻的方式表达内心的纠结。

既然学生有需求，那就开发一门课程满足他们的需求。

于是，我们组织成立了"离校课程"开发团队，研究课程目标、课程内容和课程实施方式，确立了"宣泄情绪"、"内化责任"、"把心留住"三个课程目标，相应地设计出"主题班会"、"毕业校会"、"校园送别"三大课程板块。主题班会以"回忆师生情、解开千千结、展望未来路"为主要内容，以倾诉、感恩、致歉、展望为主线；毕业校会则以同学情、父母情、师生情、母校情为载体，以情感为主线，逐步升华学生的责任目标；毕业校会结束后，全校师生列队欢送毕业生。整个课程实施下来，需要一天的时间。

当我们对离校课程方案进行专题讨论的时候，所有干部和班主任老师都齐声反对，理由只有一个：去年一个小时的毕业典礼都出问题，要是让学生在学校待上一天，学生还不把学校闹翻天了？

这让我想起了美国经济学界和政界著名的学者约翰·肯尼斯·加尔布雷思的一个观点：当人们面临改变思想和证明没有必要改变思想的选择时，几乎人人都选择后者。

2008 年，我们在开发"入校课程"时这个观点再一次被验证。基于初一年级新生入校时的不适应，我们尝试开发实施"入校课程"，我们围绕走进学校、认知自我、规划未来三个课程目标，设计了十个课程板块。在规划未来板块中，从制作 40 岁时的名片开始，引导学生从初一往后递推，回答自己 3 年后、6 年后、10 年后、15 年后……在哪里、做什么，由此思考自己的发展道路该怎么走。

初中生的思维方式使他们更倾向于感性认识，为了让学生把头脑中的目标转化为现实场景，坚定目标导向，我们在"入校课程"中设计了一个徒步高中行活动。我们带仅入校一天、刚刚熟悉学校的学生徒步 12 公里，到市区的一所重点高中去参观。

这个课程设计遇到了前所未有的争议，反对者不少。有一个班子成员对我表态说："你决定了，我一定去，但我持保留意见！"

我知道，每个教师都是为学校着想。毕竟学生刚入校，彼此还不熟悉，还没有凝聚力，在校园安全成为每所学校首要任务的今天，大家都担心学生的安全问题。当然，在最后行动的时候，每个教师都担起了责任，使"徒步高中行"活动顺利进行。

"入校课程"实施后老师们普遍感到，这些刚入校的新生"就像在学校里待了半年一样"。一天的"离校课程"结束后，老师们也发现孩子们更懂事了，他们用各种方式表达着对老师的爱，师生收获了无尽的感动。

这些课程实施后，我们立即看到了效果，此后，老师们都主动参与到课程开发中来了。

要什么，就评什么

自广文中学成立以来，教师绩效考核方案已经三易其稿，每次修订，我们都会听取教师的意见和建议，进一步加以完善。2007 年学校第一次教代会通过的第一稿，教师绩效考核分为教学常规、教学质量和教师发展三部分，其中教学质量占 50%。我们对每个教师年度考核结果进行分析后发现，年度考核的排序与教学质量的排序完全相同，位居前 20% 的优秀教师，就是教学质量位居前 20% 的教师。

2008 年，依然如此。

当教学质量成了左右教师考核结果的唯一因素时，必然会出现学生课业负担重、教育急功近利等诸多问题。2009 年，我们向教师征集关于绩效考核的议案，收到了不少好建议。结合潍坊市教育局推行的育人为本的基本制度，我们修订的考核方案将考核内容确立为以下四项——教学常规、育人质量、教学质量和教师发展，它们分别占 40、30、30、20 分。教学质量只占 25% 的比重，但让我们没想到的是，教学质量在教师考核中依然起着决定性的作用：排在前 20% 的年度考核优秀者与位居前 20% 的教学质量优秀者，重合度为 92%。

2010 年，在暑假的教代会上，教师们的议题再次聚焦教师考核。针对家长反映的学生课业负担重的问题，我们把家长和学生对作业的满意度纳入评价，用满意度系数乘以学生考试成绩，作为考核教师的教学质量分数；基于推动课改的现实需要，教学常规评价不再是终结性评价，而是注重评价过程，课程委员会成员天天进入课堂，打分公示；为了推动教研组、作业组形成合力，我们又增加了教研组和作业组捆绑评价的内容。如今，教师的年度考核要进入优秀，不再取决于一个指标。老师们主动推动课堂改革，关注教学过程，使广文中学的课改进入了前所未有的局面，这个学年课改达标的人数是前四年的总和；老师们致力于"习题训练知多少"项目的研究，精选习题，分层设计，满足了不同学生的需要，家长、学生对教师布置作业的满意度评价越来越高。

考核结果显示，能够进入前20%的优秀教师，是各个方面都在前50%的教师。这一评价，促进了教师对自己均衡发展的关注。

如今，广文中学的所有老师除教学外，都承担着一项管理工作：或负责考勤，或负责教学资源管理，或负责团队活动，一人多岗，全面育人。这正是改革评价带来的必然结果。

评价如同杠杆，设计得合理，就能够撬动每个人的内在潜力和工作积极性。

2012年，因为扩大招生规模，广文中学引进了一大批新教师，其中任教初一年级的尤其多，这些刚刚入职的教师大都承担着班主任工作。如何提升新教师的班级管理水平，推动整个学部的管理，成了初一年级管理团队面临的主要问题。

我们想到了评价。

安排工作时，相邻两个班用一套任课教师，一个班是成熟班主任，一个班是新班主任，我们对这两个班级采取捆绑评价。此方案一出台（还未正式实施），我们就立即看到了改变。成熟班主任时常到另一个班级里巡视，不断了解每个学生的情况；而且两个班级一起召开家长会。新班主任不断向伙伴班主任请教班级问题的处理方法。

一个班有两个班主任，一个班主任带两个班，捆绑评价推动着教师走向真正的合作。

发现问题的另一双眼睛

每个学期结束时，学校都会邀请家长参与对学校各项工作的满意度调研。2007 年 7 月首次调研时，出现了两组看似矛盾的数据：在最满意的十个要素中，家校合育名列第二；而在最期待改进的十个要素里，家校合育位居第三。家校合育既是家长最满意的，又是他们最希望改进的，由此，我们看到了家长的期盼和家校合育的巨大力量。

我们同时调研了家长在家庭教育方面的困惑——排在第一位的是"辅导不了孩子的功课"，在最期待的事情中 87% 的家长把"孩子学习好"排在第一位。大部分家长对孩子的要求除了学习，还是学习。

通过调研我们发现，家长期待走进学校，渴望与学校沟通。同时，我们也发现，家长过度关注孩子的成绩，担忧孩子的学习状态，势必会忽视和影响孩子其他方面的发展。因此，我们借家长渴望家校合育之机，敞开学校的大门，迎接家长的到来，让他们了解孩子的真实成长需要，带动他们转变理念，以使家校形成共同的育人观。另一方面，我们希望借他们的"眼睛"，帮助我们发现学校管理中存在的问题，使家校联通，形成教育合力。

于是，2008 年 1 月，我们正式成立了广文中学家委会。家委会分三级设立——校级家委会、年级分会、班级支会，成员由家长民主选举产生。每级家委会都设立驻校轮值部、实践活动部、联络义工部等部门，同时设立秘书处协调各部门开展工作。

从 2008 年至今，广文中学的校园里每天都有一批挂有"驻校轮值"牌的家长巡查校园，他们走进课堂，督查餐厅，寻访家长，面谈学生，沟通老师，体验午餐。这是驻校轮值部家长的常态工作，家委会将其概括为

"驻校轮值 5420 工作机制"，即每天至少 5 名家长在校值班，做 4 件事情，每件事情面向 20 个对象，包括访谈 20 名学生、巡查 20 个地点、电话访谈 20 个家长、走进 20 间教室观课。家委会成员每周一次将驻校轮值报告提交给学校办公会，办公会针对家长提出的问题，研究应对措施，并由校务处督查问题的落实情况。

除了每周一次的办公会单设家委会轮值专题外，每个学期期中、期末学校还专门召开两次"家校恳谈会"，广泛听取家长的意见和建议，就一些难以解决的问题进行专题研讨。2008 年一学年，家委会提交 41 份轮值报告，学校采纳了其中 11 条有价值的意见和建议。问题改进了，学校发展了，家长的满意度变得更高了。

家长走进学校后，也更加理解学校了，家委会成了推动学校发展的重要力量。课堂改革初期，有家长对"自主互助学习型课堂"提出质疑，因为他们是被老师"喂大"的一代。走进课堂后，家长们发现，学生在这样的课堂上更加愉悦，他们全身心投入，自主学习，积极讨论，大胆展示。于是，有家长说："比自己当年的课堂学习好，孩子们不仅收获了知识，更锻炼了各方面的能力，提升了各种素质。"于是，家长 QQ 群里出现了"力挺广文课堂改革"、"课改关乎孩子未来"的话语。

学校开发、实施综合实践课程、校本课程等的力量不足，家长力量成了重要补充，他们积极参与课程的开发和实施。每周二、周四下午，有家长来到学校，开设特色、社团选修课程，家长参与实施的特色课程占五分之一，社团课程占八分之一，内容涉及科技、安全、军事、卫生与健康、服饰、文明礼仪、插花艺术、风筝扎制等，这些都是学校难以开发或资源相对薄弱的，让学生们十分受益。每到周末，就由家委会组织学生们到校外参与综合实践课程。这成为家委会的核心工作，从根本上解决了学校力量不足、资源短缺、安全压力过大等现实问题。学生们从广文中学出发，走进农村、社区、军营、工厂……主题不同，内容各异，但目标一致。

　　家庭教育水平亟须提升，对此家委会也勇担重任。家委会每周组织"家长沙龙"活动，成功的经验也好，失败的教训也罢，家长们取长补短，互相借鉴。这一活动实实在在地帮助每一位家长取得进步。

　　学校推动的各项改革得到了家长们的大力支持。2011 年，新一届家委会成立，竞选产生的新任家委会会长迟志芳的就职演说掷地有声："孩子的广文，我的广文；不退缩，不懈怠；招之即来，来之即干!"

　　苏霍姆林斯基说过："只有学校教育而没有家庭教育，或者只有家庭教育而没有学校教育，都不能完成培养人这一极其艰巨而复杂的任务。"通过家校合育，我们收获了育人的巨大力量。

追寻幸福

ZHUIXUN XINGFU

朱老师的幸福来自哪里

2007 年，全国目标教学 20 周年庆典大会在潍坊市召开，这恰逢我校举办首届"课堂教学工作研讨月"活动。真是天赐良机，借着这样一次盛会，荣获"全国目标教学十佳教师"的名师们走进我校，让我们目睹了他们的课堂教学风采。上海市黄浦区特级教师朱震国先生的一场报告，更让我们感受到名师课堂教学之外的风华。每当我想到广文中学的老师们能有这样的机会走近名师，并在走近名师中不知不觉地成长，我就感到无比幸福。

朱震国老师是一位年过半百的老教师，在我们学校的教学一线上，他这样年龄的老师屈指可数。5 月 9 日晚，在朱老师的报告会上，我一直在倾听他的讲述，他讲述课堂案例时的那份激情，洋溢出来的教育给他带来的那份快乐，传递出来的教学给他带来的那份幸福，总让我难以将之和"54 岁"联系在一起。54 岁，对大多数人来说是等待退休的年龄了，但 54 岁的朱老师却充满激情。5 月 10 日，朱老师更是用一节成功的课诠释了他的报告内容，他的激情感染着孩子们，感染着听课老师们，课堂上不时传出阵阵笑声，孩子们踊跃回答问题，在他和孩子们之间几乎看不到所谓的"代沟"。

54 岁的年龄，两天的会议，晚上还要给广文中学的老师做报告，他一定非常辛劳。但在他的脸上，看不出一点儿疲惫。相反，笑容一直挂在脸上。在课堂上，当学生的回答不如人意时，他的微笑依旧。

朱老师，您的幸福来自哪里？

广文中学成立之初，我们就围绕"打造初中理想学校"的愿景，着手思考和研究"教师幸福"的问题。因为幸福可以传递，只有教师幸福，才能培育有幸福感的学生。因此，"建设幸福教师团队"成为广文中学打造初中理想学校的首个研究项目。

于是，我们邀请全体教师参与幸福感调研："老师，您幸福吗？如果10为最高，1为最低，您的幸福指数有多少？"通过统计调研数据我们发现，不同年龄段的教师存在明显差异：5年以下教龄的教师，幸福指数平均为7.0；10年左右教龄的教师，幸福指数平均为6.5；而20年以上教龄的教师，幸福指数平均只有5.98。同一年龄段的不同教师之间的幸福指数也不尽相同，甚至差异很大，有的竟相差6个指数之多。与20年以上教龄的老师座谈时，我深感会场气氛的压抑。这些老师大都处在不惑之年，比朱老师小十多岁，他们何以丢失了幸福？

或许真如朱老师在报告中所言："今天，我们对于自己是谁已经有所迷失。"

我是谁？我从哪里来？要到哪里去？我想成为一个什么样的自己？这是每个人必须不停追问的问题。大卫·休谟曾说过："人类刻苦勤勉的终点就是获得幸福。"罗素认为："真正令人满意的幸福，总是伴随着充分发挥自身的才能来改变世界。"幸福感是生命的一种基本需要。教育作为培养人的一种特殊活动，其主体——教师只有通过发挥自身的能力才能改变学生、发展学生，才能收获"真正令人满意的幸福"。而改变学生的前提是教师自己的成长、发展，要不断提高改变学生的能力。

纪伯伦说："要想了解一个人的内心，不是看他走得有多远，而是看他渴望走多远。"幸福之源不在别人那里，而在每个人的心里。

我们不禁要追问："教师的幸福之源在哪里？"

追寻教师幸福之源

曹建华老师是我校的年轻教师，执教地理。他很有做老师的"范儿"，课堂上他讲课的语音、语调、语速恰到好处，师生相处融洽。2007年3

月，我听了他上的一节习题课，并参与了评课，这一过程被时任地理学科主任的祝志强老师记录在一篇随笔中。

《广文教师随笔》第一集中收录了这篇随笔，祝老师是这样写的：

> 课一结束，赵校长就说："很好，很好。"随后，在二楼会议室评课时，赵校长肯定了这堂课的可取之处。她特别说道，"曹老师天生就是做老师的料"、"他会用眼神和孩子们交流"。我分明看到，曹老师极力压抑着自己的喜悦，两只眼睛光彩熠熠。回到办公室，曹老师马上就写起了关于这节课的反思。

一个简单的评价、一次幸福的体验，激发了一个年轻教师的成长动力。

教师的幸福感来自哪里？我又拿起了行动研究的武器，开始了调研。

调研是开放式的："老师，您的幸福感来自哪里？请把为您带来幸福感的因素写下来，从最重要的开始。"

通过汇总调研结果，我们发现教师工作中的幸福感有着相同的源泉。

5年以下教龄的教师，幸福感来自老教师的帮助、学生的认可、班级管理越来越成熟；而10年左右教龄的教师，往往因为公开课获奖、教学成绩突出、得到学生的喜爱而备感愉悦；20年以上教龄的教师，只要教学成绩好、工作责任心得到认可、所指导的年轻教师成长快就满足了。尽管具体缘由不同，但相同的是，他们都是因为个人追求得到了实现而产生了幸福感。对于刚刚入职的年轻教师来说，课堂教学、班级管理、师生关系是一个很大的挑战；教学娴熟、管理经验丰富的教师则更加关注教学的高质量和学校对自己业务水平的认可。一旦在自己最为关注的问题上实现了突破，有了成就感，幸福感便油然而生。

为了更深入地追问"教师成就感"的具体来源，我们在校内随机抽取了百名教师，请他们"写出自己有成就感的几次经历，从印象最深的写起，不少于五条"，同时，请他们写出"学校中的哪些人士算是成功人士，并说明理由"。结果，"取得较好的教学成绩"和"学生喜爱的老师"两个选项以绝对优势排在了第一位和第二位。此外，专业发展、获得荣誉称号、受到奖励、学生信任、家长认可都被老师们列入了产生成就感的重要因素。

而大范围进行的"教师产生成就感的因素"调研结果，让我们找到了影响教师幸福指数的八个因素（从最重要的开始排列）。

1. 教学质量。社会、学生、家长最看重教学质量，我们如何在规范办学行为的前提下，通过课堂改革这条主渠道提高学生的成绩，成为影响教师幸福感的第一因素。作为校长，我必须带领老师们深化课堂改革，建设高效能的课堂，向课堂要质量。

2. 教师素质。高素质的老师做事情容易成功，成就感强。教师既要教书，又要育人，所以需要不断学习，提高修养，完善自我。作为校长，我要研究并为老师们搭建起专业发展的有效平台。

3. 广泛认可。被家长、社会、学校等广泛认可的"好老师"，他们的成就感强。家长、社会对教师的期望越来越高，学生、同事评价"好老师"的标准也越来越高。作为校长，我要搭建平台展示每一位教师，同时带动教师不断提高自身修养。

4. 自主时间。教师自主时间的多少，影响着教师的幸福感。教师工作具有特殊性——下班也要备课，在家里也要批改作业。因此，校长应该给教师更多的自主时间，让教师能够自主支配业余时间，规划自己的发展。

5. 办公条件。教师希望在空间宽裕、设施先进的办公室工作，舒适的工作环境能让教师保持心情愉悦，身心健康。工作环境影响着教师的幸福感。因此，校长要大力改善办公条件。

6. 身心健康。教师职业压力指数较高，其中不仅有学业压力，更有学生身心安全的压力。长期的工作压力，已经严重影响到教师的身心健康。在推动教师发展的同时，校长应为教师搭建身心放松的平台。

7. 经济待遇。教师待遇高的学校，教师幸福指数高。教师也是普通人，他们渴望获得更高的经济收入，提高家庭生活水平。校长要不断提高教职工的福利待遇，为教师的幸福"加油"。

8. 对"问题学生"的管理。由于社会、家庭等诸多方面的原因，班级总有个别"问题学生"。这些学生在学习、行为等方面的表现不令人满意，甚至影响其他学生的健康成长，而家长在教育方面又不配合，使教师产生"不快乐、不幸福"的感觉。如何对"问题学生"进行教育、怎样引导教师从纠结中走出来，都是需要校长解决的事情。

教师通往成功的路有多远

2007 年，在一次"周四沙龙"上，学校请潍坊市奎文区幸福街小学的齐鲁名师孙颖为老师们做赴美考察报告。请孙老师来交流有两个原因。第一，我们培养的学生是面向世界、面向未来的，因此需要了解、吸取和借鉴国外基础教育发展的现状和经验。第二，教师们都希望自己成功，很多人也在追求成功，有人成功了，有人却一直原地踏步，我希望孙颖老师的成长过程能给大家一些启发。

1997 年，孙颖老师毕业于昌潍师专化学系，因为被分配到小学，所以她改教了数学。从教第一天，孙老师就立下了"要做一名孩子喜欢的好老师"的志愿。她精心备好每一节课，充满激情地上好每一节课。她关心每一个孩子的成长。在当年学校组织的青年教师课堂教学大赛中，孙老师获得了第一名；在当年学校选择奥数老师时，她出人意料地入选了，而且她辅导的学生在奥数竞赛中屡获优异成绩。1998 年，学校参与山东省"创新教育"课题研究，孙老师是课题组的骨干研究成员。她付出了辛劳，收获了成长。2000 年，在"华东六省一市小学数学课堂教学大赛"中，孙老师以绝对优势获得了第一名；2004 年，她入选首批"齐鲁名师"建设工程人选；2009 年，她成为山东省首批"齐鲁名师"。如今，孙老师已经成长为能独立管理一所学校的校长了，她的事业舞台越来越宽广。

看着讲台上侃侃而谈的孙老师，望着台下广文中学 200 多名需要成长，也正在成长的教师，我在想：教师通往成功的路有多远？成功教师都有哪些个人因素？我能为教师发展提供什么样的支持和帮助？

带着这些思考，我走进了学校的优秀教师团队。

王灵杰，学生亲切地称她为"妈妈老师"。王老师执教数学，她教的学生天天写数学日记，日记中记录着学生对数学的喜爱和困惑。王老师对每篇日记都给予回复，学生的数学本上写着密密麻麻的批语，数学日记本成了老师与学生交流的窗口。她的办公桌上有一个特殊的文件夹，里面装的是学生的详细资料，全班同学的家庭情况她都关注到了。课间，她的办公室里经常聚满了学生。

宫述娟，毕业生称她为"永远的宫老师"。"永远的宫老师"永远爱读书，她的办公桌上摆满了她借来、淘来、买来的班主任管理、学科教学书籍。有些书她读过不止一遍。阅读，成了她生活的一部分，她在阅读中汲取着养分，提升着自己。

刘湘玉，老师们称她为"敬爱的刘大姐"。刘大姐是山东省语文特级教师、全国语文名师，2008 年加盟广文中学。如今五十多岁的她依然活跃在讲台上，激情四射，魅力不减。课余时间她专注于课题研究，而且笔耕不辍，每年发表研究成果十几篇。

爱学生、爱学习、善研究、不甘平庸、超越自我……这些因素成就了名师。老师通往成功的路有多远？每个老师都能够测量出来。

衡量名师的成长路径、追寻名师的发展轨迹、借鉴名师成功的规律，可以缩短教师通往成功的距离。

带着这个想法，通过访谈、问卷、查找资料等多种方式，我们走近了30 位全国名师、齐鲁名师，追寻名师成功的轨迹。

名师在成长过程中都有自己难忘的"关键事件"。所谓"关键事件"，就是对自己的后续发展起巨大推动作用的事件。这一事件让名师体会到成功的喜悦，有了前行的动力，有了更高的目标。学校组织的"青年教师课堂教学大赛"是孙颖老师入职期的关键事件，而"华东六省一市小学数学课堂教学大赛"是她发展期的关键事件。名师发展过程中的关键事件，一般包括两类：一类是参加课堂教学大赛获奖，一类是参加教育科研取得丰硕成果。

追寻名师成长的轨迹，我们还发现，名师在成长的过程中几乎无一例外地都得到两类"关键人物"的引领和帮助。一类是中外教育家或者教育教学专家，如苏霍姆林斯基、杜威、陶行知、叶圣陶、李希贵、魏书生、朱永新、斯霞、李吉林等，这些人的影响更多地体现为思想上的启迪和引领。当遇到困惑时，当有问题需要破解时，他们总是能从这些教育家或教育教学专家的著作中寻求答案。另一类是对他们的成长给予具体帮助和支持的人，比如校长、当地教研员。2004年，潍坊市首批"齐鲁名师"建设工程人选中有两位小学老师，他们都出自奎文区幸福街小学，原因何在？因为幸福街小学原校长刘金华大胆任用她们，全力帮助她们，最终也成就了她们。临沂罗庄实验中学的刘建宇老师说："如果不是校长的支持，也就不会有自己的'刘建宇诗意教学'。"

老师成长为名师，还有一个比较集中的外在影响因素，这就是书刊。影响名师成长的"关键书刊"包括两大类。一类是专业书刊。大凡名师，往往专注于专业发展，他们阅读专业书刊，吸纳、借鉴其精华，加之以自己的实践，逐步探索学科教学的一般规律，因而对课堂教学调控自如。如齐鲁名师、寿光一中物理教师常玉如，他常年订阅《中学物理教学》《物理教学通讯》等期刊，并进行大量的比较研究，得出了物理奥赛和物理教学的一般规律，连年获得优异成绩。另一类是教育类书刊。名师基本都会大量阅读中外教育家、教育教学专家的著作，如不少老师都读过《论语》《教育诗》。大量的阅读，让名师学会站在巨人的肩膀上思考，这是他们和一般老师最明显的不同之处。

当然，成就名师最为关键的一点是其个性品质。

理想追求和个性品质成就名师

"为什么你入职时的定位是'做一名孩子喜欢的老师'而不是'做一名优秀老师'呢?"我问坐在我对面的孙颖老师。

我们在调研名师成长的个人因素,问及"您做老师的理想追求是什么"时,绝大部分老师的答案都是:做一名学生喜欢的老师。我曾就这个问题问过广文中学的年轻老师,他们几乎不假思索地说:"做一名优秀教师。"

我们知道,孙老师早已是大家公认的"优秀教师"了。我继续问她:"做一名孩子喜欢的老师"和"做一名优秀教师"有着怎样的联系,又有着怎样的区别呢?

孙老师笑了笑,说:"孩子喜欢我,就喜欢我的课堂。孩子在课堂上积极投入,他们的学习效果就会好,我的教学质量高了,自然,我就被大家认为是优秀教师了。"

受孩子喜欢的老师,是孩子用心"量"出来的;而优秀教师,是用各种考核"筛"出来的。

"如果您从一开始就定位做一名优秀教师呢?"

"呵呵,那我可能就走不到今天了。"孙老师说。

老师眼里有孩子,教学质量就会作为副产品一并被收获。老师眼里只有分数,可能也会得到分数,但会失去孩子。

名师们普遍热爱孩子,热爱教育事业,对工作倾注全部的热心和激情。

在工作上小有成就、逐渐得到同行的认可后,名师们会逐步制定更高的发展目标。

语文名师李卫东,在2003年调入首都师范大学附属中学以后,逐步确立了"在与学生读、评、写的过程中,着意于读、评、写的系统整合,注重师生语文生活的共同体验，实现学生语文素养和个人专业素养的双赢"的专业发展目标，使自己有了进一步前行的动力。

在调研中我们还发现，个性品质助推名师实现理想追求。

名师百分之百都善于学习。他们都把书当作自己的精神食粮，有良好的读书习惯，坚持"每日阅读"。于永正老师有"四个习惯"，其中排在首位的就是读书习惯。李吉林老师为了有时间读书，学会了做减法——不爱打扮、不去逛街、不陪爱人散步，如同"一个饥饿的人扑在面包上"。广东省深圳市宝安区建安小学的黎娘献校长，因为愿意学习，愿意读书，被人们称为"年轻的老古董"。

名师还注重向同事学习，向学生学习，向专家学习。

名师对工作百分之百都有积极的心态和执着的品质：凡是认准了目标，不屈不挠，不达目的不罢休。当被问及"面对困难时您是一个什么样的心态"时，他们一般都回答：积极的心态。因为有目标，所以他们有克服困难的动力，"挺过来就过去了一道坎，也就上升了一个层次"。首届齐鲁名师、潍坊市教科院的耿帅老师说："名师首先要具有积极乐观的心态，其次是百折不回的韧劲，再就是一以贯之的坚持。"他们普遍认为，生活中的诱惑很多，如果没有坚忍不拔的品质，就难以成功。

追求卓越是名师们的共有特征。名师都不满足于现状，他们不断学习、不断探索、不断超越，追求更优质、更卓越的教学，探索更新、更多的教育问题。正如朱永新教授所说："一个理想的教师，他应该是一个天生不安分、爱做梦的教师。教育的每一天都是新的，每一天的内涵与主题都不同。只有具有强烈的冲动、愿望、使命感、责任感的人，才能提出问题，才会自找麻烦，也才能拥有诗意的教育生活。"这应该是名师人生的真实写照。

此外，名师都有全面、扎实的专业能力，都有自己的教学风格。他们在教学中始终充满激情，富有感染力。他们普遍参与课题研究，有比较丰厚的科研成果。他们大都善于沟通，与同事、学生相处得很好。

入职期是名师成长的关键期

2011 年，潍坊市区各学科课堂教学大赛如火如荼地进行着，不时传来一个又一个好消息：广文中学英语学科王爱霞老师荣获一等奖、化学学科王桂芳老师荣获一等奖、物理学科毕爱芹老师荣获一等奖……最让我心动的，是语文学科崔丽梅老师荣获一等奖，而且是第一名。崔丽梅老师 2008 年应聘进入我校，入职只有三年，在全市各学科参赛大军中，她是年龄最小、入职时间最短的，而她与学生共同演绎的那节课震惊四座，所有评委都亮出了最高分。

随后，她在山东省电化教学优质课评选活动中荣获一等奖，在山东省普通中小学创新发展研讨会上展示公开课，在第三届全国初中学校课堂教学改革观摩研讨会上的"说课"赢得专家的高度评价。

她的师傅、语文名师刘湘玉老师说："她的努力开始得到回报了，她入职后的这三年，简直是争分夺秒的三年。照这样发展下去，崔丽梅一定能成为中学语文名师。"

大部分名师都在"入职适应期"经历过"关键事件"，受到过"关键人物"的影响，并由此走上发展的康庄大道。我们研究发现，"入职适应期"是教师发展的"关键期"，错过了"关键期"，要想发展到一定高度，就要付出几倍的努力。

一般情况下，老师的发展要经历三个阶段：从师范毕业入职到做一名合格的教师，我们称之为"入职适应期"，大约需要 5—8 年时间；从一名合格的教师走向成熟，称为"教师成熟期"，大约持续 10—15 年；经过成熟期以后，部分老师开始有了职业倦怠感，如果没有内在的动力或者外在的激励，教师的"职业倦怠期"将持续到退休。

与一般老师不同，名师一般会在"入职适应期"为自己创造"关键事件"、"关键人物"、"关键书刊"，他们善于利用时间，抓住一切机会，反复磨炼自己。"入职适应期"往往为教师后续的发展打下了强有力的基础，是成长为名师的最关键发展阶段。

经过了"入职适应期"以后，名师往往产生强大的发展动力，进入事业的快速发展时期。在这一时期，无论是在课堂教学还是在教科研方面，他们均取得丰硕成果，并且得到专家的认可。程翔、李卫东、孙颖、颜诺……几乎每一位名师都是在"入职适应期"获得过较高层次的肯定和鼓励，从此脱颖而出，实现了一般教师没有经历过的"快速发展"。绝大多数名师都认为，入职后8—15年是自己的"快速发展期"，而这恰恰是一般教师的"成熟期"。

经历了"快速发展期"后，名师一般会获得全国优秀教师、特级教师等专业最高荣誉，同时，他们也面临着难以进一步发展的"高原现象"。这一时期，是对名师的最大挑战。如果不能实现自我突破，他们就有可能像普通教师一样进入"职业倦怠期"。但名师和普通教师不同的是，他们往往勇于挑战自我，善于突破。在这一时期，他们一般会深入研究自己的教学，不断学习教育理论，创新教育教学方法，完善个性化教学，逐步形成自己的教育教学思想，由此迈入奠定名师地位的"成果创造期"。这一时期，名师的教科研成果往往很丰富，并在行业内逐渐产生越来越大的影响。

给教师创造"关键事件"

在一次学校的"周四沙龙"上，我们出其不意地推出了四类奖项："最多借阅图书奖"、"最多参加沙龙奖"、"最多撰写教育案例奖"、"最细研读《教师发展简报》奖"。很多人感到出乎意料，有人说这是"意外的惊喜",还有人说这是小题大做。但我发现,所有上台领奖的老师眼睛里都光彩熠熠,那份欣喜溢于言表,对于有些老师来说,"这一次"或许就成了他成长中的"关键事件"。

全国优秀教师、语文特级教师程翔,1988 年参加山东省"中青年语文教师教学基本功比赛"获综合一等奖和讲课单项第一名,他执教的《荷塘月色》的录音带立即被同行们抢购一空。"这一次"经历给了他莫大的成就感,从此他执迷于语文学科教学,一步步登上了语文教学的巅峰。全国优秀语文教师李卫东,1993 年获"山东省中学语文教学十佳"奖,1995 年获"语文报杯"全国中青年教师课堂教学大赛一等奖,一次又一次的"关键事件",推动他步入了语文课堂教学研究的快车道,使其成为全国名师。而潍坊市教科院的李秀伟老师,参加"全国创新教育实验研究",获得丰硕成果,已出版多本专著,2009 年他获得首届"齐鲁名师"称号。

校长要尽最大努力为老师们提供平台,为老师们创造各种有益于成长的"关键事件"。于是,入职教师汇报课、青年教师展示课、成熟教师示范课,新授课、习题课、讲评课,同课异构、同课同构,教研组长亮相课、特色教师特色课……广文中学创设各种课堂教学大赛历练老师,成就老师。

2008 年,在学校第二届"课堂教学工作研讨月"活动中,还处在"入职适应期"的郝泽启老师一人获得了六个奖项,这成了他成长中的"关键事件"。受这一"关键事件"的影响,他执着于英语教学,获得过潍坊市中小学优质课评比第一名、山东省优质课大赛二等奖。如今,他已经成为广文中学英语学科教学骨干。

广文中学每年向教师征集教育教学中的问题,汇总后建立"问题台账",然后面向全体教职工招标——人人参与课题研究,或者组建虚拟研究所,或者自己突破一个小问题。学校通过评选教育教学成果奖、"金点子"成功案例奖,为老师们创造着另一类"关键事件"。

但仅有这些还不够。

　　那次沙龙上，获得奖励和没有获得奖励的老师，都有一个共同的感受：学校在奖励"发展中的老师"，鼓励老师通过各种途径发展自己。正如学生的发展是个性化的，教师的发展需求也是个性化的，不能用一把尺子衡量所有教师，所以学校应该创造多元"关键事件"。于是，学校开展了各种活动评选："我最喜爱的老师"、"我最喜欢的课堂"、"我（家长）最敬佩的班主任"、"我（老师）最敬佩的同事"、"最和谐班级"、"教师专业发展积极分子"、"我爱广文年度人物"……

　　后来的实践表明，在那次"周四沙龙"上登台领奖的老师参与活动的积极性更高，各方面工作都有所提升。

　　广文中学的表彰活动别出新意，不仅奖励项目"出其不意"，就连奖品也让人"意想不到"。我们奖励学科主任鞋子，意指请他带领学科团队前进；我们奖励在炎热的夏日里参加网络培训的老师绘着笑脸的各类瓜果，老师们喜不胜收；我们奖励参加"课堂教学工作研讨月"活动并获奖的老师具有按摩功能的坐垫、靠背等，让他们辛劳的背脊能够舒缓放松……

　　领奖仪式也办得"别具一格"。我们一年一度举办的"课堂教学工作研讨月"颁奖大会，在广文中学就是一次"奥斯卡颁奖典礼"。获奖老师佩戴花环，踏过红地毯，登上领奖台，颁奖嘉宾是自己邀请的，获奖奖品也是自己选定的。颁奖大会上每个老师的脸上都满是笑意。

　　当然，能否真正成为教师的"关键事件"，还要看教师自身。"机遇总是垂青于那些有准备的人"，今天的机遇源自昨天的付出。机会来了，你能抓住吗？有准备的人，会使每一次"机会"都成为"机遇"，会使每一次机遇都变成自己的"关键事件"。

　　校长所要做的，就是不断给教师创造"关键事件"。

做教师成长的关键人物

学校给教师创造的"关键事件"能否真正成为教师发展中的关键事件，在于教师能否把握住机会，也在于学校能否给教师提供机会。我们愿意做教师成长的关键人物，给他们创造各种发展机会。

通过调研，我们发现不同年龄段的老师在成长需求上有很大的差异。

5年左右教龄的"入职适应期"教师，有强烈的发展需求，他们向往成为一名优秀教师，但新课程实施以后的课堂教学形式对他们有很大的挑战性，而且课堂管理、师生沟通、与家长沟通也成为他们的很大困扰。

20年以上教龄的"倦怠期"教师，绝大部分以教好学生、学生取得好成绩为主要目标；个别基础差、甘于平庸的教师，"不求有功，但求无过，对得起学生就行"。他们不重视能否获得荣誉称号，普遍没有个人成长目标。

而10—15年教龄的"成熟期"教师，积累了一定的教学经验，对课堂管理也已经驾轻就熟，有精力进行改革创新。许多老师虽有积极向上的心态，但在研究方向和目标上很茫然。

因此，我们给老师们创造发展机会，既设立共同的项目，也有个性化的内容。只有这样，才能帮助每一名教师走向成功。

对"入职适应期"教师，我们着力于创造"关键事件"，创设"关键人物"，配备"关键书刊"。我们在半月一期的校报上，专设"名师推介"栏目，每期推介一名广文中学的名师；每年都要举行"我最喜爱的老师"评选活动，并对选出的老师通过校内宣传栏、校报、媒体等广为宣传；我们还举办优秀教师示范课、课堂改革展示课等活动，把"关键人物"推送到"入职适应期"教师面前。

我们定期举办"周四沙龙"活动，围绕青年教师成长、怎样做一名学生喜欢的老师、课堂教学的有效性等话题，邀请专家做客沙龙与青年教师共同讨论。我们支持青年教师外出学习培训，主动邀请教研员来校对青年教师进行指导。我们通过各种途径，支持、帮助青年教师成长。

学校有100多名10年以下教龄的"入职适应期"教师，他们自发组织成立了"青年教师联合体"，定期开展活动。学校每年都为他们提供多次机会创造"关键事件"。在"课堂教学工作研讨月"活动中，有专为他们设置的大赛；在日常的草根研究中，有针对他们的研究主题；每次"周四沙龙"上的亮相，每次深刻、有内涵的发言，也可能会成为他们成长中的"关键事件"。我们每月还给"青年教师联合体"赠送一本书，希望他们在阅读中成长。

为了帮助青年教师尽快度过适应期，学校还组织编写了《初任教师手册》，在学生管理、师生关系、课堂教学、课题研究等方面指导青年教师，以使他们摆脱困惑，走向成熟。我们研究制定了《教师工作常规》，引导青年教师关注教学本身。校长们也会围绕青年教师成长、怎样做一名学生喜欢的老师、课堂教学的有效性等话题，定期举办主题讲座，激发教师们更多的内在发展需求。

对"成熟期"教师，我们重在引领其反思自身的教学，从而确立研究方向，明晰发展目标。我们举办反思案例周评比制度，引领教师走向自主反思。我们有针对性地跟踪他们，帮助他们确定进一步发展的目标；我们要求他们人人做科研，靠科研发展自己、提高自己；我们举办骨干教师优质课评选活动，引导他们继续关注课堂教学；我们推行骨干教师带徒制，让他们在指导青年教师的过程中发现自身的问题。

而对"倦怠期"教师，我们注重引导他们重学教育理论，总结教学特色，对自己的教学进行系统反思、整合，再生成自己的教学思想，同时让他们培养年轻教师。这是我们帮助他们走出倦怠、体验成功的重要途径。

当然，教师能否走向成功，还受许多外在环境因素的影响，比如，家庭的影响、家庭成员是否支持、组织是否关心等。我们应积极创造推动教师发展的各种条件，激励每一名教师走向成功。

在读书中成长

2008 年，在广文中学开展的第二届"课堂教学工作研讨月"之"读书报告暨好书推介会"上，各学部推荐了十几位选手，他们或畅谈自己的读书体会，或向教师们推荐有价值的书籍。他们有的娓娓道来，有的慷慨激昂。他们推荐的书不同，感情充沛程度不同，但他们读书的热忱、读书对他们成长的促进，却给每一位老师都留下了深刻的印象。

书籍对名师成长起着非常重要的作用。我们坚持"教育类书籍统一配备，专业书籍自主选择"的原则。每学期，经充分论证我们精选两本教育理论书发给教师，人手一册。广文中学成立后的第一学年，我们精选了七本书推荐给老师们，包括《给教师的建议》《优秀教师一定要知道的 14 件事》《爱心与教育》《教学工作漫谈》《教师应该做到的和能够做到的》《36 天，我的美国教育之旅》等。此外，我们给班主任增配了《班主任工作漫谈》等书。在配发教育类书籍的同时，所有学科教师自主选择专业杂志不超过两种，学校为其订阅。有的学科组集体订阅，共享使用，收到了很好的效果。我们每年举办"读书报告暨好书推介会"等活动，就是为了引导教师自主读书，养成读书习惯。这些活动，不仅促进了教师阅读，而且成为很多教师成长中的"关键事件"。

每学年，对于教师成长甚为重要的"关键书刊"，如学科"课程标准解读"、《给教师的建议》等，我们组织教师考试，并把测试结果纳入对教师的考核。

此外，坚持"馆内书籍定期配送"也意义重大。由于老师们工作量大，将大量时间投入备课、上课、作业批改、辅导学生等事情中，所以到图书馆借阅图书的时间有限。因此，我们为每个办公室配备了一个书橱，由学科老师到图书馆挑选图书，然后统一配送至办公室。学科老师自主借阅，自觉登记，效果很好。这一办法，也使得图书馆增配图书走向了科学化，图书馆老师定期征求老师和学生的意见，让他们参与确定增配书目，使得增配的图书发挥了最大的使用效能。

当然，对一所初级中学来说，图书的配备总是难以跟上信息发展的需要，难以满足师生的需求。于是，我们将新华书店请入校园，请他们在校内开辟"新华书吧"，建设大型阅览室，配备师生喜爱的书籍。这成为学校扩大图书资源的又一途径。

这次的"读书报告暨好书推介会"，让我感受到了推动阅读带来的成效。教师对于阅读的理解，已经非常深刻。"我不能一日无书"成了石老师的座右铭，她每年啃下几部经典著作，写下 20 万字的读书笔记；"和大家对话"成了陆老师的追求，她推荐的《魏书生班级管理艺术》一书，已经成了我校所有班主任的案头必备书。还有不少老师都推荐了《给教师的建议》《爱心与教育》《做最好的自己》等书。

老师如何选书？刘老师在分享自己的读书体会时说："要选择以一当十的书。"所谓"取法乎上，得乎其中；取法乎中，得乎其下"。读书要占领制高点，要选择经典图书来读。于是，苏霍姆林斯基、陶行知、杜威等教育大师的经典作品，成为学校为老师们配备阅读书籍的首选。老师们阅读着"大家"的作品，聆听着教育的真谛。闫老师说，教师是文化的传播者，还要读些文化经典，于是，《论语》《道德经》等也进入老师们的阅读视野。

老师该怎样读书呢？赵老师推介了他的读书方法："边读边思、读写结合、读教相长。"只有读书时有思考，才能有所收获，写读书笔记是一个好习惯。赵老师读完《给教师的建议》后写下了五万多字的读书笔记。"读教相长"，意味着对读书收获进行再转换，将之放到自己的实践中。"读书破万卷，教学如有神"，老师读书多了，一定能提高自己的教学水平。

也有老师抱怨："哪有时间读书啊？"是啊，老师白天忙上课，晚上忙备课、忙批改作业，还要照顾孩子和家庭。其实，没有不忙的教师，但时间终归是可以自己支配的。我们对坚持阅读的老师进行调研，发现他们都是从制订计划开始，从每天读半小时开始。比如翟老师，坚持了半年，形成了习惯。

当教师有了这样的习惯时，一天不读书就会感觉缺少点什么，就会觉得不舒服。这时，这个教师就成长了。

持续做重要但非紧急的事情

一代管理学宗师彼得·德鲁克在《卓有成效的管理者》一书中提到，大凡成功人士都是卓有成效的自我管理者。而要做到卓有成效，要素之一就是"要事第一"，即无论何时何地，总是把最重要的事情先做好。

为了对"建设幸福教师团队"项目进行持续研究，我们在追寻名师成长轨迹的基础上，分别选定了 8 位普通教师和 8 位"齐鲁名师"进行"时间的有效利用"研究，16 位老师完整地记录了一周中每天的具体时间安排。对比后我们发现，8 位"齐鲁名师"每天无一例外地读书，撰写教育日记（随笔），尽管时间长度不一，但已经形成习惯。潍坊市教科院的李秀伟老师、潍坊市实验学校的张青老师，甚至放弃了周末的休息时间，主动参加在江苏举行的全国"新学校行动研究"研讨会议。8 位普通老师的记录显示，他们的时间和精力几乎全部被上课、备课、批改作业、教研活动占据了。有的老师也读书，但不是每天都读；有的老师也撰写教育随笔，但不是每天都写。我们从对比中发现，"齐鲁名师"每天除了做好"紧急"工作以外，还持续地做着对后续发展更有意义的事情：抓紧一切时间学习，利用一切机会反思，把握一切机遇提高自我。教师通往成功的路有多远？这在一定程度上不是取决于教师的聪慧程度，而是取决于是不是明了哪些是重要的事情，并且持续地做好那些事情。

有了这样的认识后，就要引领教师明确发展中的"重要事情"。我们建立了"教师反思日交周评"制度，每周在《教师发展简报》上公布获奖名单，分享获奖案例。于是，一大批老师拿起笔，记下了他们的故事。我们每年进行"好书推介"、"关键书刊考试"制度，从各学科的"课程标准解读"、《给教师的建议》，到《怎样培养真正的人》和"巴学园"系列书籍，再到《学科学习困难的诊断与辅导》，一部部教育名著进入了老师的日常学习生活。学校还建立了"教师自主购书"制度，教师外出时，遇到自己喜欢的书籍即可购买，先"读"为快，读后写上感言送图书馆存档并报销。我们建立了"购买教师知识产权"制度，凡教师个人研究的成果，学校购买，全校共享……一大批老师在这样的制度引领下行动起来。翟丽荣老师，每天睡前必读半小时书；石伶俐老师，每天不写随笔不入睡；孙安秀老师，每天记录她和学生之间的教育故事，撰写她的"爱心打油诗"；年轻的丁晓琳老师，每天经营博客；每位教师都各自选定课题进行研究……

"青年教师联合体"作为青年教师自我管理、共同发展的组织，带动青年教师持续做重要但不紧急的事情。我们坚持开展"每月共读一本书"活动，老师们通过"周四沙龙"分享阅读体会，反思、改进教学；我们坚持开展"每月聆听一次讲座"活动，开阔老师们的视野，提升老师们的素质；我们坚持开展"每日撰写教育随笔"活动，授课反思、教学体会、读书感悟皆可，贵在坚持。我们还有"每学期一次汇报课"、"每学期一次征文演讲"等活动，都在持续推动青年教师发展。

一个能持续做重要但非紧急事情的老师，能够成为一名可持续发展的老师；一个可持续发展的老师，能够发展成为一名始终得到学生喜爱的好老师。而一支好的教师队伍，能够成就一所"好学校"。

学生喜欢什么样的老师

我们追寻教师幸福的根源时，发现"成就感"是决定老师幸福指数高低的主要因素。教师的成就感来自哪里？我们研究发现，"得到学生的喜欢"是教师成就感的重要来源。在教学实践中有大量案例证明，凡与学生关系融洽、深受学生喜爱的老师，其教学成绩往往都很好。深受学生喜爱的老师，能以其人格魅力吸引和感召学生、聚拢人心，能使课堂气氛轻松愉悦，能极大地调动学生的学习积极性和主动性。因此，做学生喜爱的老师，应成为老师们的共同追求。

2006年年末，广文中学启动了一年一度的"我最喜爱的老师"评选活动。位居前十位的，无一例外都是师生关系融洽、教学质量突出的老师。而教学质量位居最前列的三位老师，却榜上无名，甚至其中一位老师的被认可度没有进入前列。这三位老师，教学业务棒，工作认真负责，几乎年年都是学校的优秀教师，更是校长眼中的好老师。这次活动评选结果深深地刺痛了这三位老师，也刺痛了学校的管理干部。

学生喜欢什么样的老师，我们在学生中进行了开放式的调研："请写出你心中好老师的标准，从最重要的开始，不少于十条。"我们根据"排序法"和"赋分法"进行汇总，排在前十位的依次如下。

1. 尊重学生，和蔼可亲，善解人意。

2. 用平等的眼光看待学生，一视同仁，没有"个别"，没有"特殊"。

3. 不讽刺挖苦学生，不出口伤人。

4. 不体罚或变相体罚学生。

5. 教学方法独到、新颖，语言幽默、生动，课堂气氛活跃。

6. 有渊博的知识。

7. 能虚心听取学生的意见。

8. 不拖堂。

9. 布置作业适当。

10. 不随便找家长来学校，不向家长打小报告。

不难看出，学生眼中的好老师的十条标准中有七条与教学没有直接关系，排在前四位的全部是对老师职业道德的要求。对教师教学行为的要求只有三条，而且排在了第五位之后。换句话说，学生喜欢的老师首先应该是一个教育者，然后才是一个教学者。

我们还面向 20 名校长进行了"好教师标准"调研。结果显示，校长眼中的好教师和学生心中的好教师标准，内容大多一样，但排序却发生了明显的变化。校长眼中的好教师标准排序如下。

1. 工作认真负责。

2. 教学成绩突出。

3. 关心热爱学生。

4. 教学业务熟练。

5. 善于与学生交流。

6. 敬业精神好。

7. 尊重学生。

8. 作业适量，备课认真。

9. 语言生动、幽默。

10. 衣着得体。

比较而言，校长们更加关注教师的教学成绩、工作态度、教学业务等外显的东西，而学生们则更加关注自己的内心感受。

我们在教师中同时展开的调查显示，不同年龄段教师对"好教师的标准"也有差异。20 年左右教龄的教师，其"好教师标准"更接近校长的标准，"尊重学生"被排在了第八位。而 5 年左右教龄的年轻教师和学生的心贴得更近一些，他们的标准接近学生的标准，"热爱学生，尊重学生"被排在第一位。

调查结果提醒我们：学校评价制度会直接影响教师的价值观。

广文教师爱生 30 条

要引导老师们确立"学生喜欢"的价值追求，学校就要改革对老师的评价制度。

以往的教师评价，是一种自上而下的、单向的鉴定性评价，更加关注教师的教学质量、教学业务、工作态度。调查表明，有 31％的校长认为评价的目的是对教师的教学行为进行鉴定、考核，持这一看法的老师也占相当比例。过多地依据学生的考试成绩作评价，必然会导致教师"只看结果，不管过程"，这样，机械训练、加班加点等不科学的做法也就会大行其道。

事实上，学生应该成为学校的中心。我们进行课堂改革、开发课程、细化管理，无一不是为了学生的成长。教师给予学生怎样的感受，会影响学生的学习、生活态度，进而影响其发展。另一方面，学生作为能动的个体对教师教学的感受和判断，能够促使教师提高自身专业水平，不断锤炼自己的教学风格。因此，我们在考核中增设了自下而上的评价，使之成为教师评价的重要组成部分。

改革后的教师评价分为三部分："教学常规"关注过程，"教学质量"、"育人效果"关注结果，"学生评教"关注学生的感受。我们将学生评教情况向老师们一一反馈，引导他们进行自我反思。同时，我们还通过各种途径宣扬各类老师的事迹，彰显榜样的力量，确立正确的价值导向。

在首次进行"我最喜爱的老师"评选活动后，整理学生喜爱某个老师的理由时，我们看到了这样一些关键词："有爱心、善于微笑、态度认真、一视同仁、和蔼可亲……"

做一名学生喜爱的老师，不需要多少技巧，关键是态度。

当时，化学老师陈建伟刚刚从外校调入我校，不到半年的时间她便征服了学生。陈老师拥有高度的责任心，对学生发自内心地关爱，上课时谆谆教导、循循善诱，学生考试成绩不好时首先进行自我检讨，对学生一视同仁地关心、爱护，认真、负责地给差生补课，在短时间内记住所有学生的名字……这些都成为学生喜爱陈老师的重要理由。

数学老师王灵杰，是老教师中的优秀代表。王老师对待工作的热情始终如一，她关爱所有学生，对工作尽职尽责、从无半点马虎，对学生高标准严要求，每天来校最早离校最晚，上课生动幽默，教学有方，这些都让孩子们非常喜欢她。有一个孩子写道："不管是严肃时还是幽默时，无论是课上还是课下，王老师那种亲切感每时每刻都使人舒适。"这可能是所有受孩子喜欢的老师的共同写照。

学生在陈述喜欢数学老师栾卉洁的理由时，这样写道："栾老师从来不会大发雷霆。某同学什么作业也没有带，老师没有向他发火，而是让他下午带。老师让同学起来回答问题，他回答不上来，老师没有皱眉头，而是以温和的目光看着他，鼓励他思考问题。"

这些话语描述出的画面，是多么温馨。难怪栾老师会得到孩子们的高度认可。

通过汇总学生最喜爱的老师的理由，我们形成了"广文学子最喜爱的老师十大特征"，并将之印发、张贴在教师办公室里，这成了办公室里一道亮丽的风景。

当然，学生最喜爱的老师，不会迁就学生，他们都是"非常有正义感"（学生语）的老师——学生犯错时，他们会严厉批评；有问题时，他们会进行教育。

那么老师采用的哪些批评和教育方式是学生不能接受的？

每年，我们都面向学生征集"你最希望老师改正的行为"、"你最不希望老师说的十句话"，据此我们形成了"广文教师不得出现的十种行为"、"广文教师忌语十条"。这些是为师的底线，无论理由多么充分，一旦触犯，都是不可原谅的。因为学生心灵的伤痕是无法修复的。

这三个十条，被我们并称为"广文教师爱生 30 条"。

幸福来自教师的自我发展规划

大凡成功者，都有一个习惯，那就是站在终点思考问题。他们会围绕要实现的目标，制订计划，并付诸实施，直至到达成功的彼岸。老师怎样才能走向成功？除了外在因素，最为关键的在老师自身，其中一个重要因素就是个人发展的计划性。

广文中学从 2006—2007 学年度"教师发展年"开始，引导每个老师确定自己的发展目标，规划自己的五年发展计划，并根据学校的发展计划制订个人每一年的具体成长计划，使组织目标与个人目标紧密联系起来。老师，围绕发展计划，制定个人发展措施，提出发展需求；学校，则围绕每个老师的发展需求，积极创设条件，促进人人成长。

王艳丽老师是一位处于成熟期的教师，2006 年年底她写下了自己未来五年的发展规划。

1. 做一位学生喜欢，家长、社会、学校高度满意的优秀教师。

2. 我要勇于参与新课程实践与探索，与广文中学历史组的同人们团结协作，相互启发，努力进行学生认知规律和构建自主互助学习型课堂的研究；在研究中我要做到理论探索、实践总结和教学创新相结合，形成历史学科教学特色。

3. 我要努力参与"主题"研究和撰写"金点子"成功案例，争取获得潍坊市中小学教育教学（管理）方法创新燎原奖。

4. 我要向潍坊市名师迈进。

在这样明确目标的引领下，王艳丽老师在一年内阅读了《给教师的建议》《优秀教师一定要知道的 14 件事》等 7 本教育理论专著，撰写读书笔记 2 万余字。她坚持对自己的课堂进行反思，养成了撰写教育随笔的习惯。每周她上交给教师发展部一篇稿件，并获得学校的"最多撰写反思案例奖"。她带领历史学科老师一起探索"提纲引动式"教学法，使学生对历史学科产生浓厚的学习兴趣，极大地提高了学生的历史学科成绩。

其他老师在各自目标的指引下，也实现了个人有计划的发展。

孙扬老师是广文中学 2006 年聘用的新教师。2006 年年底，她在规划自己的五年发展计划时，提出希望自己"五年内成长为基础扎实、业务全面、能力较强、素质较高的成熟教师"。为此，她 2006—2007 学年度的年度计划是要在业务上做到"四多"：多听课、多请教、多思考、多反思。她说："争取在一年的时间里，能够自主驾驭课堂，能够有效进行师生沟通；在班主任工作方面，要努力做到'四心'：有爱心、有耐心、对学生和工作细心、让学校和家长放心。积极培养学生良好的学习习惯，让我们班成为积极向上的班集体，初步探索出适合本班学生发展的管理方式。"2006 年年底在全校范围内首次举行的"我最喜爱的老师"评选活动中，孙扬老师高票进入全校前十名，成为唯一一位入职不到一年就当选的老师。

我们还将教师的发展与教学实践相融合。如果教师体验到了工作中的幸福，他们的职业倦怠感就会悄然离去。

一日，我到教学楼内走课，遇见刚刚上完课的郭素华老师。见到我，她高兴地拎住我的胳膊说："校长，我太高兴了，孩子们在反思中有改变了!"郭老师年近五十，在工作上努力不减，激情四射。在学习"元认知"理论后，她和学生约定共同反思，反思让她和学生都发生了改变。

又一日，教数学的慕老师兴冲冲地跑到我的办公室告诉我："校长，奇迹发生了!"就在他刚刚上完的这节课上，从来不学数学、数学考试成绩都是个位数字的张同学竟然会做题了，而且做的是"同底数幂的乘法"!这是他把"元认知"理论运用于教学后看到的效果。

慕老师写下了这样一篇随笔：

> 教学十多年，我始终把工作当成一份职业而不是一项事业。随着教学经验的完善，自己似乎能应对所有的课堂了，而职业倦怠感也随之出现。自己任教的班级里有几个不学数学的学生，但我总以为不爱学习是他们的天性使然。在周日举行的"专家月报告"活动中，"元认知"点醒了我：要想改变学生，必须改变自己；要想使学生学数学有积极性，先要调动自己的积极性；不断地"表征"信息，就能实现新旧知识的"同化"。这节课我试着用专家教的方法进行教学，没想到"石头开花了"!十几年来，我第一次感受到做老师的幸福!

很多与慕老师有相同体验的教师，都因为自己的专业成长，改变了工作状态，并从学生身上找到了"自我实现"的价值，同时产生了极大的幸福感。幸福这一"积极的情绪体验"，反过来又能更好地促进教师发展，从而使教师处于不断超越、不断发展的工作状态。

石老师已经步入中年。她在广文中学成立时写的一篇随笔中说道："我站了快20年的讲台了，习惯了因循守旧，对这份工作也心生厌倦。"而在广文中学搭建的各种平台上，她开始进行有计划的专业阅读，通过撰写随笔、改革课堂、课题研究等，不断提升自己的专业水平，她的博客点击量已超过20万人次，自己的幸福指数不断升高。在2008年第二届"课堂教学工作研讨月"的颁奖大会上，她在获奖感言中由衷地说："我的生命从40岁开始。"

刘老师作为老教师的代表，每天沉浸在教育的幸福中。她的"名师工作室"学员们在一点点地成长，她所教的学生在一点点地进步——这些，都给她带来了无限的快乐。在年轻老师身上，在学生身上，她奉献着智慧，收获着幸福。撰写随笔、开设讲座、举行报告会……她的工作内容排得满满的，她的幸福指数也特别高。

在法国电影《放牛班的春天》中，失意的音乐家马修用音乐感染着学生，改变了"问题男孩"。马修原来写的乐曲从来没有人去唱，可是在"放牛班"，孩子们那么快乐地歌唱他谱写的曲子，他体验着从未有过的成功和满足。正是"放牛班"给他带来成功的愉悦，从此他成为一个幸福的马修老师。

我的问题，我解决

把教学中的问题转化成课题，围绕课题进行行动研究，是教师专业发展的必由之路，也是教师成长的最有效方式。

"您在上学期教育教学中有怎样的困惑？请把困惑写下来，从最重要的开始。"每学期伊始，学校会通过"征集问题—建立问题台账—发布问题—问题招标"系列工作流程，将问题解决纳入常规工作。一般的教育教学困惑我们通过"周四沙龙"解决；相对大的问题我们通过招标，通过课题研讨解决；普适性问题则确立为市级以上课题，我们组织骨干教师队伍进行攻关。

每学期的"问题招标"现场是最热烈的。我们会根据课程处发布的问题内容，遴选主持人，然后组织现场招募大会。主持人解读课题内涵，现场招聘研究者。教师最想参加哪个课题研究，主动报名，并签下自己的名字。同时签下的是责任，是成长的动力。

问题认领结束后，学校如何引领教师学会做研究？

每个问题，都有原因和结果。引导老师们持续不断地"追因"，就会找到解决问题的办法。

老师们的课题研究逐渐形成"六步流程"：从调查入手—用数据说话—分析问题背后的问题—提出解决办法—实践验证—总结归纳。

课题研究流程是一个循环往复的过程。尤其是第三步"分析问题背后的问题"，一个问题可能有若干个"背后的问题"，直到找到真问题为止。

张立兵老师带领数学团队开展"初一学生数学学习两极分化成因及预防措施"的研究，进行了五次问卷调查和访谈，调查对象涉及1300多名学生、42位数学老师。最终研究者发现，造成学生数学学习两极分化的原因是，学生在学习某个知识点时遇到了障碍没能及时解决，这成为后续学习的障碍，障碍被反复叠加，分化也就形成了。据此，他们开发了"数学引桥课程"，在学生学习某个知识点之前，给学生提供相关的知识或背景资料，通过搭建引桥，形成学习坡度，降低学习难度，使学生学习顺利过关。目前，"数学引桥课程"已经成为解决学生数学学习两极分化的主要手段，"引桥课程"也成为各学科课程生本化的重要途径。

老师们承担的各级各类课题均采用行动研究的方式。他们研究自己的教育教学行动，而研究成果又在自己的教育教学中践行。这样做不仅解决了课题设定的问题，常常一并解决了研究中发现的其他问题。

"问题背后隐藏着规律"，老师们解决问题的过程就是向规律靠拢的过程。

"初高中化学教学衔接研究"，提出"高中发展引桥课程"，从而开启了各学科老师开发"高中发展引桥课程"的先河。

"语文课'主题学习'的实施策略研究"，形成了语文主题学习的十大课型，使语文主题学习有效落实。

"思想品德课的德育功能研究"，形成了思想品德课的"案例教学法"，老师们在联系现实案例中实施教学，将德育和生活有机结合起来。

"物理学科模块整体推进研究"，则催生了物理学科老师采用"模块教学，整体推进"的教学法。

此外，学校积极承办全省乃至全国的教学研究活动，把省内外的研究平台搭在家门口，让教师们开阔视野，增长见识。学校也把一些优秀的教师推荐到全省乃至全国的学术和教研平台上，让教师们在"外面的世界"里经风雨，见世面。

这里有所"教师发展学校"

2008年10月，借潍坊全市教师发展工作会议在广文中学召开之机，"广文中学教师发展学校"挂牌成立。

我任校长，分管教师发展的校长兼任副校长，教师发展部主任当起了教务主任，全体教职工是这所学校的学员。教师发展学校以"促进教师专业成长，铸就教师幸福人生"为办学宗旨，把"自觉参与，自主选择，自我发展"作为办学理念。依据"自主学习，把学习作为最大的福利；智慧行动，把实践作为发展的载体；反思创生，把创新作为成长的手段"的课程理念，我们开设了必修课程、选修课程、满足教师身心发展的社团课程。

必修课程主要用于开阔教师的视野，提升教师的理念，解决教师发展的共性问题，须全员参与。具体包括专家月报告、读书工程、课堂教学工作研讨月、学情会商等。选修课程则注重教师的兴趣发展，帮助教师解决自身的问题，助推教师的个性发展与成长。具体包括周四沙龙、青蓝工程、名师工作室、外出学习、课题研究、广文讲坛等。其中青蓝工程、名师工作室是年轻老师的最爱，他们拜师学艺，常常聚集在名师工作室里，名师成了年轻教师成长的"关键人物"。

除了专业发展课程以外，教师发展学校还开辟了一些社团课程，比如各种娱乐活动，体育、健身活动，美容、着装、养生课程等。逐渐地，各种教师社团纷纷成立，成为老师们身心发展、幸福成长的重要平台。

一旦选择了课程，教师就要接受教师发展学校的管理。如选择了青蓝工程课程的师徒两人，就要在教师发展部的主持下签订合同，师傅的指导目标、徒弟的学习目标、指导学习过程中师傅采取的主要措施等都要明确具体。学年结束时，学校根据双方签订的合同进行考核，按照《教职工学术积分管理办法》实施奖励。徒弟获奖，师傅上台分享发展荣耀。

教师发展学校的导师主要是校"学术委员会"成员，还有部分专家、学者。学术委员会成员主要包括学科主任、教研组长、部分教学干部。

如今，在教师发展学校里，教师们自发组织了很多促进团体发展的机构，如"教师发展共同体"、"青年教师联合体"、"新学校行动研究团队"、"时空坐标系研究团队"、"工作流程研究团队"、"课改联盟"等。一个团队带动一批教师成长，教师发展学校逐渐红火起来。

教师在必修与选修的平台上各取所需，自我成长。

专家月报告活动，即学校每月邀请一位专家来校，与老师"面对面"交流。邀请哪位专家、讲授什么内容，学校要倾听老师们的意见。专家做报告传递给老师们的是教育理念，是教学经验，更是做一名学生喜欢的老师的信念。

一年举办一次的"课堂教学工作研讨月"活动，是教师全面展示自己的最好平台，也是创设"关键事件"的最佳时期。"课堂教学大赛"是这一活动的主打项目，各届主题不同。此外还有教师论坛、基本功比武、学科技能大赛等各种活动。

全员读书工程，即学校为教师统一配备理论书籍，每年每人1—2本；专业书籍由教师自主选择，人均100元标准订阅报刊；新华书店进入学校开办了大型阅览室，扩大了教师阅读资源；新华书店还定期配送馆内书籍，方便老师阅读；学校借助考试测评关键书刊，督检阅读效果。学校规定的五个读书制度推动着全员读书工程的有效实施。

周四沙龙的活动时间为每周四晚 7：00—9：00，教师可以自主选择参加各种沙龙：有校长主持的"校长视线"，有"作业组学情会商"，有任何老师皆可主持的"自由沙龙"，有"导师导育沙龙"。每周探讨的话题不同，参与人员各异，但教师们都获得了成长。

教育随笔日交周评活动推动着教师随时反思自己的行为，激励着教师养成反思习惯。反思是最好的个人成长平台。

教学成果随报随评活动，即在每学期结束前，学校向教师征集教育教学中的问题，建立"问题台账"，任何教师都可以认领其中的问题进行行动研究。将研究成果付诸行动，收到成效的教师，即可申报教学成果奖励。

"开放我的课堂"活动，即在每周教研活动时间，每位教师都有一节向全校教师开放的课。许多教师完全开放了自己的课堂，教师之间的课堂交流更多了。

外出考察学习，即三年内每个老师都有外出考察学习的机会。归来后，要向全校教师汇报考察学习收获，借鉴外地教育教学管理经验对学校教育教学改革提出建议，实现"共同成长"。

分享教师发展，即学校每周出版一期《教师发展简报》，有教师随笔、经验快递、成长路上、共享园地、好书推荐、建英在线、广文威客、名家隽语等栏目。这是一个分享的平台，对于每一期的内容老师们都非常期待。

校长随笔周周见，即校长将老师们关心和关注的问题写成随笔，既体现新的教育教学理念，又有充足的事实例证，还有解决问题的方式方法。其中听课感悟是主体。

每月一周时间纪实，即教师任意选定一个月中的某一周，进行详尽的一周工作实录。然后教师自主选择自己最认可的老师，与之进行比较，并对自己的工作纪实进行反思，在反思中尝试改变。

2008 年，石伶俐老师在《中国教育报》上发表的随笔《都是广文惹的"获"》，最能体现老师们在教师发展学校里的成长与发展。在文中她这样写道——

> 回顾在广文中学工作两年的日子，我仿佛听见了自己快速成长的声音：我阅读的教育专业书籍比以前的 20 年都多，我获得了"最佳读书奖"；我收获了 20 多万字的教育随笔，而且它们在《人民教育》《中国教育报》《中国教师报》《教师博览》《潍坊晚报》等报刊上发表过；我获得了"最受学生喜欢的教师"和"最受家长敬佩的教师"奖；我获得了"专业发展积极分子"的称号；我所教的班级获得了年度"节约先进班集体"奖；我还获得了市级创新教育论文奖和"金点子"优秀案例奖……

第三辑

发现课程

FAXIAN KECHENG

"有为假期" 衔接小升初

小学毕业后的暑假，被人们称为"无主假期"。这个假期，孩子们处于小学不再管、初中无法管的状态，这导致孩子们的假期生活单调、无序。而这个假期对一个即将升入初中的孩子来说，是非常重要的。常常有家长感到困惑："我的孩子在小学时比较优秀，为什么到了初中就退步了呢?"原因有两个：一方面初中聚集了若干所小学的优秀学生；另一方面，孩子没能尽快适应初中生活。通过调研我们发现，孩子进入初中后的退步与他小学毕业后那个暑期目标的缺失有一定关联。

因此，帮助即将到我校就读的学生规划假期生活，使"无主假期"成为孩子们从小学到初中的适应期，成了我们的一项任务。"热身引桥"课程由此诞生。

"引桥"本意是桥和路之间的过渡，因为桥和路面的高度不一致，所以在桥和路之间设置引桥，使车辆、行人能够顺利通过。"热身引桥"便是以课程的方式帮助小学毕业生有效利用"无主暑假"，做好进入初中前的热身活动，使之顺利过渡到初中生活上来。其课程目标是引导学生"趁着长假快进步，无主假期变有为"。课程内容包括寻梦远足、知识梳理、阅读铺垫、实践活动等。

在学校招生部门确定了新生名单后，我们第一时间组织学生参加"寻访梦想——赴潍坊一中远足"活动，借助活动增强孩子们对"我是一名中学生"的认识；同时，我们引导学生确立未来目标，激发他们更好地规划、利用暑假时间。远足前的动员会上，我们激发孩子们的斗志。单程13千米的路程，千人的队伍浩浩荡荡，一路欢歌，引得路人不断称赞。孩子们劲头十足，到达目的地后，我们组织参观校园、活动总结、颁发楷模奖等活动。每年学校安排的随行车辆几乎都是空着去空着回。

之后，老师们引导全体新生进行小学"知识梳理"。"知识梳理"主要是让学生以画知识树的方式，对小学阶段的知识体系进行系统回顾。一方面，这让学生对初中学习所需要的前置知识进行系统复习，为其后续学习打好基础；另一方面，这让学生有一个宏观把握课程内容的机会，建构知识体系。开学后开展的新生知识树展示活动，给我们带来了无限惊喜。老师们说："有了这个铺垫，学生们的初中学习就变得轻松了。"

"阅读铺垫"活动在于扩展新生的阅读内容，为新生的各学科学习打好基础，老师们推荐的阅读书目涉及各个学科，如《生物智慧树》《生物奇谜》《中华上下五千年》《假如给我三天光明》等。

"实践活动"包括社会实践和社区服务，要求学生利用假期研究一个小课题，做一项不少于两天的社会服务活动。

这些课程是由各学科教师共同研究确定的。为了帮助孩子们有效阅读，语文老师开设了"阅读指导讲座"，还专门在网上开通"阅读指导"课程。学生在暑期自主完成这些课程，入校以后进行暑期发展成果展示，分享收获，交流体验。"有为假期"让孩子们的假期生活过得更充实、更有意义。这一活动得到了家长的普遍好评。

在开学前的分享会上，任翔宇分享了他的读书收获。他以"历史的韵味"为题，介绍了《中华上下五千年》的内容及自己的心得感悟。他知道了初中学生要通过学习历史，了解中国文化；他了解到了中国是一个文明古国，有五千年历史；他了解到了许多重大历史事件、许多伟大人物。"它们牵动着我的思维，常常在我脑海中浮现。这本书告诉我要学习古人们的优秀品质，要谨记中国的耻辱，努力学习，报效祖国。"他还展现了阅读《生物智慧树》后，从网上搜集来的奇妙的生物图片。入学后，他对历史、生物学科最感兴趣，学得尤其好。

"学前引桥"攻克男生英语学习难关

学生成绩"两极分化"是初中学校的普遍现象。为了解决这一问题，2007年，在广文中学的第一届毕业生离校前夕，我们面向所有毕业生进行了"初中各学科知识点难度认同值"的调研。老师们梳理出知识点，请学生根据自己的学习情况，对每个知识点赋予"难"、"一般"、"容易"的心理确认。英语学科出现了令人惊讶的结果：对于所有初中英语102个知识点，男生的平均难度认同值全部高于女生。英语老师弄不明白：学习只存在个体差异，"怎么会出现群体难度"呢？

这是广文中学的个别现象吗？

潍坊市的中小学校参加过教育部基础教育课程教材发展中心的学业质量测评，在对八年级的质量测评中，英语学科男生达标率比女生低了19%。语文、数学、科学三科，男生、女生达标率相差最大的是语文学科，差值也仅为8%。因此，初中阶段男生英语学习困难并非广文中学的个别现象，而是普遍性问题。

问题出在哪里？

回到起点，我们对学生入学时的情况进行研究。

我们对广文中学新生分班考试时的英语成绩进行统计、分析后发现，几年来数据呈现出相同的规律：入学时的英语成绩，高分段女生多，低分段男生多。男生与女生的英语学习差异在小学毕业时就出现了。

这又是什么原因造成的呢？

英语老师们在张建英主任的带领下进行头脑风暴，共同寻找男女生英语学习差异背后的原因。几轮头脑风暴下来，他们发现，男女生生理、心理特点不同，导致其语言基础和对语言的兴趣不同。这使得男生学习英语时遭遇了"发音障碍",从而导致对英语学习的畏惧。此外,生活经验、语言思维习惯、学习方式的不同,也会导致男女生出现英语学习差异。

英语组老师们决定,从解决男生的发音入手,帮助男生解决英语学习困难。一场"拯救男孩"的具体行动由此开始。

入学之初,老师们不急于上初中英语课,而是对小学教材中的内容进行系统梳理,与初中教材中的内容进行整合,系统讲授。我们称之为"学前引桥"课程,把音标教学作为"学前引桥"的重要组成部分,推行字母、音素、音标三位一体教学法,以解决男生的"发音障碍"问题。学生在"学前引桥"课程中达到了"见其形,知其音;听其音,知其形",掌握了词组、句子的读音技巧,基本做到了书写规范、发音标准。男孩张开嘴了,他们的语言流畅,口齿清晰,学习英语的积极性也提高了。

在"学前引桥"课程中老师们不仅在音标方面,也在词汇、句子结构上有意识地进行铺垫。

这样的铺垫,带来了怎样的效果呢?

学期结束,学校对本学期学习的英语知识进行难度认同值调研,对于36个知识点,除两个与"发音障碍"无关的知识点外,其余的难度认同值男女生趋于一致。我们对期中、期末各科考试成绩进行分析后发现,英语学科的 A 等率、A + B 等率,第一次超过了语文、数学学科。

数学学科的老师坐不住了,也开始了数学"学前引桥"课程的探索。

他们梳理小学数学知识点,找到与初中数学学习有关的前置知识,对学生进行检测并分析他们的学习缺陷,然后进行有针对性的"引桥"搭建,这样,数学学科也有效解决了学生数学学习的难点。

从此,"学前引桥"课程成了每一年初一学生入校时的必修课。

"难点引桥" 破解学生学习障碍

当化学老师们看到学生的化学学科学习难点调研数据图的时候，真的是"大跌眼镜"。高居难度认同值榜首的，竟然是一个老师们认为非常简单的知识点——"棉、羊毛、合成纤维的区分"，46.7%的学生认为这个知识点很难。这个知识点不仅难度认同比例最高，而且，男女生的难度认同值一致，分别有45.7%的男生、47.8%的女生确认它是难点。处于不同层次的学生也没有明显差异，A、B、C类学生分别有51.1%、45.6%、44.5%认为是难点。也就是说，成绩优异的学生也把这个知识点确认为难点。但是这个知识点，只有10.2%的老师认为是难点。

物理学科的调研也出现了同样的现象，排在第一位的知识难点是"力臂的画法"，这同样让物理老师们感到不可思议。

这背后有着怎样的原因呢？

老师们又通过头脑风暴破解难题，他们把学生"缺乏生活经验"置于原因之首。大量的教学实践显示，当学生顺利学习新知识的时候，大脑中必然有一个原有知识作为新知识的停靠点，那个停靠点或者是旧知识，或者是生活知识、生活经验。假如没有，就无法实现新知识的加工，学生自然就感到难。物理、化学作为初中阶段新增学科，很多知识需要生活经验作为加工新知识的原有知识，而学生的生活单一，鲜有相关的生活经验，学起来自然不易。

越来越多的研究证实了这一点：学生学习必须遵从认知规律，学习新知识必须依赖于大脑中的原有知识或生活经验。因此，老师们设计教学时引入生活实践，帮助学生体验、积累经验，为加工新知识"搭桥"。

以化学学科"棉、羊毛、合成纤维的区分"为例，老师们从几个维度入手，为学生新知识的学习做好铺垫。在学习"化合物"时，教师为学生拓展了有机化合物的内容，并教会学生在生活中区分有机化合物和无机化合物；在学习"燃料与燃烧"一章时，教师带领学生阅读《游戏中的科学》中关于"石油"的内容；在跟家长买衣服时教师建议学生询问面料原料，并要求学生利用面料标本进行验证，形成实验报告，同学之间交流展示；教师还推荐学生到中国纺织网浏览相关信息，有条件的话还可以组织学生到潍坊纺织城现场考察等。"引桥课程"实施后化学老师们再次开展调研，发现同一知识点的难度认同值均有不同程度的下降，其中"棉、羊毛、合成纤维的区分"难度系数第一年下降了14%，第二年又下降了5%。

物理学科老师用同样的方法突破了最难点。

在教授"力臂的画法"之前，老师们安排学生做家务体验，比如翻地、用钳子、推小车等，学生实地模拟、演练、实验、动手。老师们又把生活中的许多场景如玩跷跷板、水井压水等引入课堂。有了这些铺垫，"力臂的画法"的难度认同值比实施"引桥课程"前下降了15.4%。

只要教师们有了这样的意识，"引桥课程"便可随时搭建。学习"电磁波的产生"一周前，老师们要求学生反复观察一些生活现象：打开电视机，反复开关电灯，观察电视机的声音和图像受到了什么影响；把收音机调到AM波段，放到一盏调光台灯附近，收音机声音有什么变化？有了这些体验，学习"电磁波的产生"时，学生便会水到渠成地进入学习状态。

如今，综合实践活动课程成为"难点引桥"的重要载体，各学科老师积极参与到综合实践活动课程的开发和实施中。"安全教育"、"环境教育"、"传统文化"、"人生规划"等山东省地方课程也起到了"难点引桥"的作用。

广文中学的"难点引桥"课程帮助学生解决了他们学习过程中的许多障碍。我们整理连续跟踪的调研数据发现，知识点难度认同值每年都有不同程度的下降，对学生来说有的知识点目前已经不再是难点了。

"发展引桥" 激发学生持续学习的兴趣

2007 年，我们到市区一所重点高中校对毕业于我校的 700 多名毕业生进行回访，在调查问卷"你在初中阶段最喜欢的学科"、"你在初中阶段最感轻松的学科"选项中，化学学科均排在第二位。化学确实是他们喜欢的学科，在 2007 年的中考中化学成绩以 36.7% 的 A 等率位于各学科之首。但在另一个选项"你在高中阶段感觉轻松的学科有哪些"中，化学学科却一下子降到了第六位。我们的回访是在高一第一学期期中考试后进行的，学生进入高中只有两个多月的时间，对同一学科感觉轻松的比例从 55% 下降到了 28%。是什么原因导致了这样的变化呢？

化学老师们再次回访高中化学老师、化学课代表。通过访谈，化学老师们进一步了解到，初中化学大都涉及基础知识，抽象程度不高，而高中教材在知识深度、广度上明显加强，描述性知识向推理性知识发展的特点日趋明显，知识之间的横向联系和综合程度有所提高，研究问题往往涉及本质，要求学生从形象思维向抽象思维飞跃。

例如，在初中阶段学习"根据化学方程式的计算"时，全是围绕着物质的质量展开的，学生很容易理解；而高一教材引入了"物质的量"，利用"物质的量"进行计算这个知识点很抽象，在初中没有涉及，学生难以理解。

另一方面，新课程实施后，初中化学对某些知识点降低了要求，如原子核外电子排布、化合价、盐的性质、溶解度的计算等，而高中化学课程的学习却仍需要这些知识点作为铺垫，在学习这些知识点时高中老师一带而过，没有做好衔接工作，造成了学生学习上的困难。这也是非常重要的一个原因。

　　原来如此！多年以来，我们总是发现一些中考成绩不错的学生，到了高中成绩一般，学生无助，家长着急，老师也无奈。其实，高中生学习成绩两极分化也是相同的原因造成的。当学生学习某个知识点遇到困难，再学习与此相联系的后续知识时，就会遇到障碍。这样的障碍一多，学生的问题就多。逐渐地，两极分化就会形成。

　　就初中化学教学来说，老师不仅要使学生获得进一步学习和发展所需要的化学基础知识和基本技能，还要激发学生持续学习化学的兴趣，培养学生获取新知识的能力和创新意识。

　　要为学生的未来发展负责，某些内容即使中考不会涉及，也不能"坐视不管"。于是我们为各科老师配齐了高中教材，在日常教学中开始初高中衔接的课程搭建，此为"发展引桥"课程。比如，在学习"自然界的水"时，化学教师补充了"最轻的气体"和"用微粒的观点看物质"两项内容，前者是为高中学习搭建"发展引桥"，后者则为解决"从宏观物质进入微观世界"跨度较大而搭建的"难点引桥"。这一补充既符合学生学习高中化学知识的需求，又符合孩子的认知规律。这样的引桥课程的设置，帮助学生提前解决了高中学习中的部分难点问题。

　　在设置"发展引桥"课程时，老师们需要研究初高中课程标准，掌握初高中各科知识的衔接点，结合课标要求对衔接点进行解读和研究；然后采用分散穿插、随时渗透的方式，按照章节教学进度把"发展引桥"点分散到相应的章节中去实施。

　　"难点引桥"课程更多地关注学困生，"发展引桥"课程则更多地关注优等生，为将来进入高中学习的学生做好学习上的充足准备。

　　实施"发展引桥"课程后，我们再到高中回访毕业生，受到他们的热烈欢迎，他们宁愿请假也要参加我们的座谈和调研。在回答问卷中"你最喜欢的学科是什么？为什么？"的问题时，学生留下了这样的话语："物理、化学。我喜欢，是因为简单；实际不简单，是初中时我们敬爱的老师把好多高中内容都先教给了我们。"

"生本化"从整合教材开始

2008 年 5 月，教育部基础教育课程教材发展中心相关人员来我校调研，老师们在座谈时不断提出自己的困惑，问得最多的问题是：在"一标多本"的背景下，各个教材的优点和不足同样明显，为何不将各个版本教材的优点集中在一个版本上？教育部课程教材发展中心的领导笑答："是啊，你们就可以做这件事情啊。"

这句话推动我们找到了学科课程二度开发的另一条途径——教材整合。

"一标多本"的教材建设体制，使得教师能够看到多种版本的教材。执教年限长的老师，使用过不同版本的教材。而每个版本的教材，在知识的呈现顺序、呈现方式、编排体系上各有特色，这就导致老师们在使用"选用教材"的过程中，总有"遗憾"不断出现：要是这一课的内容设计像那个版本一样就好了。

整合教材，就是把每个版本中处理某个知识点的最佳办法运用到课堂教学中，这是国家课程二度开发的重要内容，也是教师应该具备的基本功。

假期里，学校为每个学科教师配备了 3—5 个不同版本的教材，并提供研讨场所和各种服务。老师们分工协作，以"选用教材"为蓝本，整合其他版本教材中最深入浅出、最符合学生认知规律、最贴近学生生活实际的部分，整体移植或者借鉴，使学习内容更加适合学生，能够更好地调动学生的学习兴趣。

比如，化学学科"从宏观物质进入微观世界"的学习，多数学生感觉这一知识点学习起来有困难，因为微观世界离学生的生活实在是太远了。

为了顺利完成从"我们身边的物质"到"物质构成的奥秘"的过渡，化学老师们对三个版本的教材进行了对比分析，发现了每个版本在处理这个知识点方面的优点。借鉴这些优点，他们对"物质构成的奥秘"重新进行编排设计："最轻的气体"→"水的组成"→"用微粒的观点看物质"→"分子和原子"→"原子的构成"。和"选用教材"的设计相比较，重新编排设计的思路更清晰，衔接更紧凑，更符合学生的认知，学生也就更容易接受。

整合教材还包括对"选用教材"前后内容的整合。教师在执教过程中，根据授课需要和学生的认知需求，对教材内容进行整合。这也是对国家课程进行二度开发不可或缺的重要方式。

比如，地理学科教师把"比较法"引进课堂中，有效解决了课时少、学生学习任务重的难题。教师们打破了教材的编排顺序，对教材中相互关联的内容进行了整合。学习季风气候的特点与分布时，教师就对东亚、南亚、东南亚的气候进行有机整合；学习国家区域地理时，教师将知识点整合为"低纬度的国家"、"中纬度的国家"、"高纬度的国家"三部分，最终形成了"小模块整体教学"方式。这一研究获得了市"金点子"成功案例奖。

物理学科教师研究的"模块教学，整体推进"与其有异曲同工之妙，效果同样明显。

整合教材，首先要符合学生的认知特点。"异中见同"、"同中见异"是两个基本的学习方法，任何一本教材都因为篇章和页码的限制，难以大量举例，而教师们整合教材后运用了很多案例教学，让学生从大量的"不同"中寻找规律，发现"相同"的原理、定理。这样，老师们不再需要地毯式搜索资料。"整合教材"解放了老师，促进了学生学习。

语文的"病"与"变"

2007 年 6 月，广文中学一年一度学生对老师的满意度投票结果揭晓。学生对语文老师的平均满意度为 9.73，是所有学科中最低的。对初三语文老师的平均满意度只有 9.44，远低于初一、初二语文老师。

这个结果，深深地刺痛了语文老师们。要知道，80% 的语文老师担任着班主任工作，他们与学生之间另有一份感情，仅从所谓"面子"考虑，也不能让他们如此难堪啊。

这个结果，也引起了我们深深的思索和持续的探求。

语文"病"了

是语文老师的整体素质有问题，还是另有原因？2007 年 11 月，广文中学首次到高中学校回访毕业生。"你在初中阶段的学习中，对各学科的喜欢程度分别是多少"的调研显示，语文学科竟然排在倒数第三位。学生不喜欢老师的理由是：他们不喜欢语文学科的教学！

"症"找对了，"药"就好下了。"你认为语文教学存在什么样的问题？你喜欢怎样的语文课堂？请分别列出相关要素，从最重要的开始排列，不少于 10 条。"研究当下语文学科教学存在的问题，成了改进语文教学的首选。

反馈的结果令人震惊。学生对语文课堂已经到了厌倦的程度：语文课枯燥、乏味；需要理解、背诵的太多；课文被老师讲解得支离破碎，没有意思；课堂太死板，不生动；老师过于严厉，无新鲜感、幽默感；训练太多；惧怕，不愿意上语文课；很无聊，厌倦语文课……一个高中生写的短文《语文死了》，表达着他对语文教学的无奈，令老师们相视无语。

"语文已经死了。"文章开篇就这样写道，"一处写景，五六个作用；一句记叙写实的话，却暗合全篇，铺垫、暗示……仿佛每一个作家都成了柯南·道尔。一处小小的细节描写，都在教师的解剖下，成了作者精心策划的、指出凶手的佐证。""一篇美文被生生肢解成了一个个技巧，那些文学大师，也在某些人有意无意的诠释下，成了技巧大师。语文，若是只剩下了技巧，无异于人被掠去了灵魂，不过行尸走肉罢了。"

无独有偶。上海大学博士生导师李白坚教授，也撰文尖锐地指出："今天的语文是'细嚼慢咽'，是'精读细解'，是'吹毛求疵'，是'回字的四种写法'。事实上，在一篇课文中对于某个词语的哪怕是最精辟的讲解，都不如学生在许多篇目中、不同语境下多次触及同一词语的理解来得深刻。"

虽然我们不能断定语文已经"死"了，但语文确实是"病"了。

"病因"在哪里？40 多位老师在学科主任的带领下展开头脑风暴，从自身寻找原因，解剖语文课堂教学存在的普遍性问题。

在语文课程中，薄薄的课本、成沓的练习题和测试卷将语文学科混合成了一般学科。

在课堂教学中，教师就课本讲课本，条分缕析，生硬灌输。语文教师急功近利，学生学习中做题多，素质与本领训练少，口头表达与书写能力训练少。

孩子喜欢上阅读课，但阅读无序，教师不是照本宣科地讲析灌输就是信马由缰，漫无目的地"放羊"。课堂时间难以保证。

写作课无内涵，教师跟着感觉指导学生写作；学生缺少生活体验，写的内容空乏无味。

回归本真意义的、活泼有味的语文，应该是时候了！

2006 年，广文中学整合成立时，我们就确立了"建设'新学校'"的办学宗旨，也就是建设一所"学生喜欢、教师幸福、家长满意、社会认可的初中理想学校"。李希贵校长在建设"新学校"的有关报告中曾说:"每一个学科肯定都有使老师和学生都轻松、愉悦的学习方式。找到了这个学科的学习规律,就可以找到老师愉悦地教、学生愉悦地学的通道。"再一次重温课标,再一次学习名家论点,再一次倾听学生关于"理想语文课堂"的声音,语文组教师确定:让学生大量阅读,才是解决当下语文教学问题的必由之路。

有句古话叫:"授人以鱼,不如授人以渔。"北京师范大学教授肖川曾经说过:"授人以渔,不如授人以渔场。""鱼"是知识,"渔"即方法,"渔场"就是学习环境。初中三年,语文课堂的阅读量只有课本中的区区90万字,离"渔场"有着太大的距离。要给孩子"渔场",就必须彻底打破教材垄断语文学习这一坚冰,彻底改变语文学习方式,引进大量的阅读内容,让学生从"渔场"中自主获得"渔",得到"鱼"。

"变"在课堂

如何让学生进行大量阅读?绝大部分老师建议在课外进行,理由是:"课堂上哪有那么多时间读书?光教材讲解就忙不过来。"少数老师认为,就是要通过课内阅读改革当下的教学,否则还是走老路。

我们该作何选择?语文学科教师们又拿起了调研的武器,面向全体学生,了解学生的阅读需求和课外阅读现状。各种数据反馈回来,我们发现虽然学生"喜欢和非常喜欢阅读"的比例达到86.67%,虽然82.4%的初一学生、62.2%的初二学生每天都有半小时以上的阅读时间,但他们的课外阅读时间是随机的,"有空随时读"占到了一半以上,而且62%的学生阅读的书籍是作文选、故事会、影视娱乐等,对于教师推荐的名著、家长购买的经典,阅读比例只有10%左右。

因此,大量阅读不能依赖课外,只能在课堂里实现。于是,"语文主题学习丛书",带着清新的书香,落地广文课堂。

一个单元配上一本 15 万字的语文主题学习材料。一册书，六个单元六本材料，一个学期学生的课内阅读量从 10 万字增加到 100 万字。三年下来，学生增加阅读量 540 万字。

这样的改革，必然面临着诸多阻力，尤其是在中考的大背景和压力下，会有一些教师、学生、家长反对。

因此，克服阻力是改革成功的关键。领导语文教学改革的管理团队，对"语文教学改革可能带来的问题"进行了头脑风暴。我们针对"短期质量下降"、"学生不习惯"、"完不成教学进度"、"命题难度增加"、"班主任老师抱怨"、"部分语文老师改变难"、"部分家长有意见"、"与其他学校不能保持平衡"、"丛书丢失或损坏"、"图书管理员反对"等 10 个问题，组成 10 个项目组，分别研究相应的控制措施，于是一系列改革的保障机制由此建立。

第一，改变了对教师的评价内容和方式。将过去一个学期两次对教师进行的期中、期末评价，改为一个学年一次。我们将过程评价与终结评价结合起来，关注改革的全过程。同时，充分发挥期中、期末考试的反思总结功能。

第二，改变了对学生的评价内容和方式。从过去单纯考查学生的知识技能，转变为考查学生的学科素养，学生学习过程中的阅读量、背诵量、日常的随笔及写作，均进入评价范围，发挥了评价促使改进、促进发展的功能。

第三，将语文改革与考前训练结合起来。大力推动语文主题学习，每学期期末考试前，老师带领学生进行半个月左右的复习训练。扩展了语文考试的命题内容，将"语文主题学习丛书"纳入命题范围。

第四，召开语文老师、学生、班主任、家长参与的语文教学改革动员会，举行专家报告会，通报调研情况，进一步统一大家的思想认识，引导师生参与改革的积极性。

第五，为每个教室配备一个书橱，主要用于存放"语文主题学习丛书"。同时，设立学生图书管理员，负责借书、存书、还书工作，减轻班主任工作负担。

第六，制定学生使用"语文主题学习丛书"的具体流程。

第七，研究语文主题学习的具体路径，确定什么主题采用什么样的阅读方式，解决教学进度问题。

第八，修改对图书管理员的评价办法，将语文老师、学生的满意度评价作为主要内容。我们调整了图书管理的年耗费量，减轻了主题丛书管理的压力。

第九，定期开展"读书之星"活动，每年举办一次"好书漂流"活动，营造浓郁的读书氛围。

……

当其他学科的老师还在研究学科内容拓展的时候，语文老师已经有了主题学习丛书；当其他学科的老师还在研究课堂形式变化的时候，语文主题学习已经明确通过大量的阅读来提升孩子的素养。面对语文学科的"病"，语文老师积极研究，对"症"下药，让广文中学的语文改革在悄无声息中进行。

把学生从"题海"中捞出来

"减轻学生负担"是实施素质教育的重要内容，这个"负担"，在很大程度上表现为教师对学生过度的机械训练。"负担"是不能用时间来衡量的，对于喜欢做的事情，投入的时间再长，也不会感觉是"负担"。然而，在现实中学生每天都做着大量的练习，会做的习题要做，已经做过的习题也要做。机械、重复训练使学生逐渐失去了对学习的兴趣，没有时间读书，没有时间实践，他们感到"负担"很重。

2007 年，广文中学邀请家长参与对学校"素质教育"、"课堂教学"、

"职业道德"、"年级管理"、"课业负担"、"公开公平"、"关爱学生"等七项工作的满意度调研，调研结果显示，家长满意度最低的是学生的课业负担，满意度仅为 8.784。

因此，我们必须解决学生的课业负担问题，把他们从"题海"中捞出来！

学校组织 15 名教学干部，在一周的时间里走进学生家中进行访谈，详细记录他们每天的作业量，了解他们每天的作业情况和睡眠时间，跟踪他们一周作业的正确率。我们将调研结果汇总后发现：学生作业时间长短不一，总体作业量偏大；作业正确率普遍很高，150 人次的各科作业，错误率不到 3%。

那么，这些作业学生还全部需要做吗？教师应该布置哪些作业？应该怎样布置作业？这一系列问题需要我们深入研究。

担任数学教师的一名中层干部率先尝试作业改革，随后语文、外语学科也加入进来：他们选取两个班前 10 名学生，一个班不做作业，另一个班照常做作业。当一个单元学习结束时，对两个班级进行横向比较，对这 10 名学生前后两个单元的考试成绩进行纵向比较。结果显示，班级和学生个人的成绩，没有因为不做作业而下降。

因此，应把"减轻训练负担"作为"减轻学生负担"的重要内容。教师要精选题目，让学生在有限的题目中收获无限的价值，生成重要的"程序性知识"。

此时恰逢期中考试结束，各学科教师针对期中考试试题，进行了大量的数据分析。他们分析学生做题时的扣分点，查找扣分原因，提出解决问题的具体办法。

物理学科钱娜娜老师入职不到三年，她和学生一起分析扣分点以及扣分原因。第一步，她让学生自查自改，针对试卷中出现的错误，让他们独立反思，把自己能独立改正的题目纠正过来。她发现，学生会做但失了分的题目大约占 5—10 分，出错的题目大都在学习过程中训练过。第二步，她按照各题做错人数，由高至低寻找错题背后的原因。分析结果显示，让学生回顾这些知识的时候，他们说得头头是道，一点儿问题都没有，而在运用这些知识时却出现了错误。也就是说，学生对"陈述性知识"大都能掌握，但对"程序性知识"却有所欠缺。

时任物理学科主任的董建萍老师，在初三复习期间讲过一道题，随后在期中考试中考了原题，全班仍有 28 名同学出了错，出错率为 43.7%。

为什么学生天天做题，持续训练，仍然会出错？为什么刚做过的题目，学生仍然会丢分？董老师说，根本的原因是训练量过大，使学生走向了机械学习；教师过分关注量的积累，忽视了做题规律的总结。各学科学习与训练均有规律可循，物理是可以举一反三、触类旁通的学科，针对一定的知识点，训练题应该适量，若过量就会走向机械训练，不仅会浪费师生大量的精力，而且会使学生的学习效率低下。

诚然，多做题会让学生"熟能生巧"，所以老师们才会大量布置机械式作业；但问题是题做多了会让学生"思维僵化"。不少学生做错题的原因就是拿到新题后仍按照旧有的思路做题，而中考、高考中几乎没有一道现成的题，因此，平日成绩不错的学生中考、高考成绩不理想也就不足为怪了。另外，过度做题也不符合成本效益原则。

学生做题的目的是什么？是生成"程序性知识"。教师在教学中教授的定理、原理，多为"陈述性知识"，也就是"是什么"的知识。而"程序性知识"则是"怎么办"的知识，是利用"陈述性知识"解决问题的知识。学生有了这类知识，面对不同的问题情境时，就会启动不同的解决问题的程序，错题率就会大大下降。

因此，教师应该筛选提炼出不同题型、不同情境下的典型题目，给学生的习题训练量应该适中。

在董老师的组织下，物理学科率先进行了"习题训练知多少"项目的行动研究。他们梳理出各学段的知识点，通过大量查找资料、做题、选题、研讨，精心挑选出具有代表性、有特点并经过实践验证的典型题目，编成《物理学科精选习题》，满足不同学生、不同环节的需要。

随后，数学、化学学科教师也纷纷行动起来，并带动所有学科教师加入其中，"习题训练知多少"项目成为广文中学全员参与的行动。

《物理学科精选习题》从适用范围来看，适用于预习、课堂导入、课堂练习、课后巩固、复习等；从难易程度来看，A级题目适用于学生"掌握基本知识"，B级题目适用于学生"综合运用知识"，C级题目适用于学生"拓展所学知识"，将习题分级设置满足了不同学生的学习需求。而且，教师们还设计了一定量的实践题目，把学生的知识学习引向生活实践。

做题时，教师要引导学生把握做题规律：第一步，要边读题目边提取信息，将文字语言转换成学术语言或定理原理；第二步，要寻找信息之间的联系，从要解决的问题切入找到解题路径；第三步，要用规范的做题流程表述出来。一般情况下，学生往往会忽视前两个步骤，但这恰是解决问题的基础和关键。

各学科教师通过分析、总结做题规律，举一反三，既减少了学生的做题量，使教师和学生双双从题海中走出来，又保证了题目的落实，进而保证了学生的学习质量。

如今，"习题训练"成为广文中学学科课程二度开发的一个重要内容。教师们关注学生训练中的"程序性知识"，让学生做最有价值的训练。

"小模块"成就大地理

2007年6月，学期工作结束的时候，各个教研组针对本学期学习的知识点，邀请学生参与知识难度值确认调查。"你在学习每个知识点的时候，感到容易、一般、还是难呢?"学生的回答告诉地理老师，他们在学习"国家区域地理"时感到难。

这是个令人费解的现象。老师们说："'国家区域地理'，哪有多少思维含量啊？孩子们为什么感到难呢？"

当年11月底，地理老师随同毕业班老师一起，到潍坊一中回访毕业生。"回访毕业生"的目的，是了解广文毕业生在高中的发展情况，明确他们高中阶段的发展需求，以便有针对性地改善初中教学，做好初高中的衔接工作。地理老师发现，学生在高中学习地理还算适应，但普遍感觉地理难学，"涉及初中的一些地理知识，如各个国家的河流、城市、矿产、工业区等时，常常张冠李戴"。有的学生干脆说："上课根本听不懂，跟不上。"调研他们在初中阶段最喜爱的学科时，地理学科被排在倒数第二位。

和高中地理老师座谈时，他们希望初中地理学习多看地图，进行整体学习；教材内容让学生多背多记，以确保高中学习的基础牢固。

地理老师感到压力很大。在推动课程改革的过程中，如何强化学生对地理信息的了解和记忆，培育他们的地理素养？在现有教材下，如何推进地理知识的整体学习？这成为地理教师团队亟须破解的难题。

时任地理学科主任的祝志强老师带领团队开始了研究。

地理老师们通过研究发现，初中地理教材多为章节设计，课堂教学基于章节进行，学习内容"碎片化"，而地理学的最大特征就是其"整体性"（综合性）。整体性的欠缺限制了学生对地理内容的长效记忆和理解，使得他们在高中阶段的学习吃力。那么，怎样解决学生的有效学习和教材编写的矛盾问题？老师们开展头脑风暴，研发了一种适合地理学科的教学法——"小模块整体教学法"。

所谓"小模块"，就是在初一、初二学段内部进行教材内容调整，将其划分为几个小整体。老师们在实际教学中发现，如果将"国家区域地理"中的八个国家作为一个模块整体推进，效果并不好，而将同纬度的两个国家作为小模块整体推进学习，效果很好。

于是，在学习"国家区域地理"知识时，老师们不再一个国家一个国家依次教学，而是按照一定的标准分类，进行小模块整体教学。老师们把特征相近、同处低纬度的巴西、澳大利亚合在一起讲，把对比非常明显的俄罗斯和日本整合在一起讲，在异中见同、同中见异和比较学习中，学生对这部分知识掌握得很扎实，不易混淆。

在复习中运用"小模块整体教学法"，也收到了很好的效果。如复习季风气候的特点、分布时，把东亚、南亚、东南亚的气候知识整合在一起，有利于学生从整体上把握这些地区气候的分布、特点与成因；复习温带海洋性气候和地中海气候时，将欧洲、欧洲西部、法国三部分知识整合在一起，可以使学生更加深入地理解三地的气候模式及其对地域的影响。

课程整合必然会带来课堂改革。要运用"小模块整体教学法"，就要改革课堂流程——课堂教学从"目标引领，整体感知"开始，至"回扣目标，整体小结"结束，促进了学生对所学内容的整体把握。

运用"小模块整体教学法"，可以让老师们节省出大量课堂时间，于是，地图的使用量大大增加。比如，在整体复习四个国家的地理知识时，可以对比使用这四个国家的地图，提取其中的地理信息。课上可以让学生绘制四国河流、城市、地形专项示意图，让他们在比较中学习。用图频度的增加、用图方法的改进，可以使学生形成用图习惯，大大增强分析地图、提取有用信息的能力。

地理学科的"小模块整体教学法"大大推动了地理教师专业素养的发展，他们大量翻阅资料，开设公开课，撰写反思随笔，不断整合教材内容，创新学案编撰，精选练习题，在"整体推进"中发展。

活动课程化，活动课程个性化

2006 年 12 月 31 日，广文中学举办首届艺术节闭幕式暨 2007 新年联欢会。在确定主持人人选时，学生发展处瞄准了一名初三男生。这名男生颇具阳刚之气，音色浑厚，谈吐幽默，反应敏捷，喜欢主持。请他主持，一定会给闭幕式增色添彩。谁知，学生发展处将这一想法和班主任沟通时，遭到了班主任的拒绝。随后，学生家长也给我打来电话，表示坚决不能让孩子参加主持活动，并且问了一句："担任主持能保证孩子考上重点高中吗？"一句话堵得我们哑口无言。

艺术节筹备过程中发生的另一件事也深深地震撼了我。在最后敲定节目的时候，一名初三女生给我打来电话："校长，一定要保住我们那个节目啊！"说着她竟哭了起来。原来，她们很想参加毕业前的最后一个艺术节，节目都是瞒着"老班"、老妈偷偷找时间训练的。她们的付出和内心的煎熬可想而知。

学生希望有怎样的校园生活？学校邀请学生参与调研"幸福感的重要来源"，调研结果显示，参加活动位居"幸福感的重要来源"之首。前十位重要来源如下所示。

1. 丰富的文体活动可以充实学生的课余生活，可以锻炼学生的素质。

2. 各种活动让学生自主举办，给学生充分的展示自我的舞台。

3. 师资力量强，老师素质高。

4. 同学间团结互助，关系融洽。

5. 校园整体面貌好，卫生整洁。

6. 老师关心爱护学生，师生关系融洽。

7. 自主互助课堂可以使学生体验到学习的快乐。

8. 学生整体素质高，相互学习的机会多。

9. 学校教学设施比较齐备。

10. 学校知名度高。

通过调研我们发现学生对初中理想学校的最大期盼，也是"丰富的活动、可选择的课程"。

活动能够帮助青少年减轻心理压力，唤醒他们沉睡的渴望，碰撞出他们心灵的火花，理应成为教育的重要载体。因此，学校必须从机制上保障学生参与活动的权利！要还给学生一个完整的校园生活，就只有让活动课程化。

所谓"活动课程化"，就是将学生的各项活动纳入课程管理，使活动具有课程的意义和价值，并用学分加以保障。这应是保障学生过正常校园生活的关键所在，我们也能借此营造素质教育的空间。

为此，我们梳理了一学年来学生参加的大小活动，反复研讨，围绕育人目标确立了十个活动类别，将之归入"活动课程"。我们明确了课程目标、课程内容、实施方式、课程评价等，以提升活动的价值，保障活动健康有序的开展。

在活动课程实施过程中，我们设立了十个项目组，一个项目组负责一个活动课程的设计，全体学生参与问卷调研及访谈。与原来的活动设计相比，活动课程目标更加清晰，内容更加丰富、多元、可选择，极大地满足了学生的发展需求。

十个类别的"活动课程"具体包括入校课程、班会课程、国旗下讲话课程、主题教育课程、综合实践课程、社团课程、"广文节日"课程、"阳光60"课程、演讲与口才课程、离校课程。

为了保证每一个学生切实参与活动，我们确立了"自主参与，实践体验"的实施要求。我们采用"主题引领，模块推进"的方式，对于每个课程类别都设置几个模块内容，每周都开展几个模块活动，形成了形式各异、丰富多彩的活动课程体系。学生自主参与各种活动，三年内达到学校规定的学分方可毕业。

学生的个性是多元的，发展的需求也必然是多元的。尊重学生的个体差异，发展学生的个性，成为活动课程的又一定位。于是，在将"活动课程化"的同时，我们也确立了"活动课程个性化"的理念。突出各类课程的多元设计，既可以丰富课程内容，又可以满足学生的个性要求，吸引学生人人参与。

"读书节"是"广文节日"课程的必修内容，但参加哪个课程模块，是演讲赛、故事会，还是征文、读书沙龙，则是由学生基于个性需求而自主选择的。有位家长感慨地说："原来孩子一看课外书就打盹，自从参加了学校组织的一次读书节故事会并得了奖以后，他就渐渐地喜欢读书了，现在竟然成了读书迷。"一些学习成绩略差的学生也说："通过参与学校组织的丰富多彩的活动，我们找到了自信，找到了展示自我的舞台。"

将活动课程"个性化"，是我们构建活动课程的终结点。必修内容和选修模块的有机结合，保证了学生在全面发展基础上的个性发展。"活动"虽然会占用学生本该用于学习的时间，但"将来会'连本带利'地把这些看起来被浪费掉的时间都收回来"。

越来越多的实践已经证明了这一点。2007 年在山东省校园之星全能大赛中，广文中学有六名学生入选"潍坊十佳"，刘新萍、冯士吉两位同学入围"齐鲁十佳"。2007 年，初二年级单连成同学以突出的体育特长和优异的文化课成绩，被武汉体育学院录取。2009 年，学生参加央视"挑战小勇士"大型竞技比赛，获得了金牌总数和奖牌总数第一。2010 年，在校园金话筒主持人大赛上，潍坊赛区中学十佳学生评选，广文中学包揽了前5 名。

现在，广文中学的毕业生深得高中学校的青睐，因为"广文学生能力强，综合素质高"。

节日不变，形式变

每个学期结束时，广文中学的校园公示栏中总有几块宣传板吸引着一拨拨学生驻足，观看之后他们情态各异：有的眉飞色舞，有的摇头叹息，有的闷闷不乐……原来这里公示着每学期每个学生的"广文节日"课程学分。公示表上，每个学生在什么时间参加了什么节日的什么活动，得了多少学分，一目了然。

每个节日课程我们都会确定一个主题，然后围绕这个主题开发十个左右的课程模块，由学生自主选择。课程模块的开发是教师在学生中广泛调研的结果，学生参与率极高。一般地，我们在学期初针对本学期计划安排的三个节日课程广泛征求学生的意见，在学生中进行开放式调研："你喜欢怎样的活动项目？请你写下来，从最重要的开始。"我们称之为"一上"。然后将活动项目整理汇总，再发给学生由他们选择自己最喜欢的项目。我们称之为"一下"。学生发展处根据每个活动项目得票的多少，由高到低确定本学期节日课程的具体模块内容。我们称之为"二上"。然后学校将模块内容发布给全体学生，由学生自主选择。我们称之为"二下"。

以第七届艺术节为例，我们经过"两上两下"的调研，最后确定的节日课程模块为"金话筒主持人大赛"、"校园模特秀"、"书画现场赛"、"课本剧表演"、"舞蹈大赛"、"歌手大赛"、"艺术作品创意赛"、"2013迎新年文艺汇演"等八个。每个学生都能从中找到适合自己的内容：喜欢书画的学生可以挥毫泼墨，擅长歌舞的学生可以参加歌舞比赛，爱好服饰的学生可以到 T 台上一展风采，动手能力强的学生可以参加艺术作品创意赛。统计表明，42% 的学生参加了两个以上的项目，他们在第七届艺术节上至少得到了 4 个学分。如果表现优异，他们还会获得 1—2 个奖励学分。

学校规定，对学生参与各类课程的修习情况实行学分管理；学生在校三年，必须参加各类课程学习并达到规定学分方可毕业。其中，每年的节日课程基础学分为 12 个学分，学生要在每个节日课程里至少参加一个课程模块，得到 2 个基础学分；如果学生在活动中表现优异，还可以获得奖励学分。学生参与得多，获得的学分也就多。

不仅如此，我们还将获得学分的情况纳入中考综合素质评价中，使得学分管理成为学生全员参与各类课程的有力保障。

　　当然，学校要推动学生参与活动，仅靠制度保障还不行，还要调动他们参与活动的积极性，还要最大限度地创设他们喜欢的活动形式。通过对2010、2011、2012三届毕业生"我最喜欢的活动"回访调查结果的分析，我们发现，艺术节活动全部位居前列，得到了毕业生的高度认同，而体育节活动却有三个不同的排名，2010届毕业生将之排在第五，2011届毕业生将之排在第六，2012届毕业生则将之排在第二。原因何在？对于每年的艺术节策划师生们都有无限创意，无论是舞台布置，还是节目内容，都包含很多创新元素，学生都特别喜欢。而体育节，连续三年是一个模式，学生们已经感到厌倦了。2012年当我们把体育节改造成"模拟奥林匹克运动会"时，情况就大不相同了，学生对体育节的认同度发生了天翻地覆的变化。于是，我们开始了节日课程形式的不断创新，力争让学生在校园里度过的节日每年都不重样。

　　从此，我们把"节日不变，形式变"作为设计节日课程的基本要求，每年在设计每类节日课程时尽量做到形式和内容的更新，使各项活动最大限度地迎合学生的兴趣，力争达到"在校三年，要让学生过三个不同的节日"的课程目标。于是，在2013年的读书节活动中，江苏卫视新开办的收视率极高的《一站到底》节目被我们借鉴创新为"名著知识知多少"—— 一站到底校园擂台赛活动。我们一改以往知识擂台赛刻板的流程，使组织形式活泼新颖，激发了学生的兴趣，将语文知识的学习过程变成一种快乐游戏的过程，从而极大地调动了学生的参与热情。三年三种形式，形成三个不同内容的节日，学生们自然喜欢，认同度极大提高。

　　如今，学生们对活动课程充满了喜爱之情。他们认为，这些活动"主题鲜明"，"生动有趣"，从中"得到了很多锻炼"，给他们"留下了终生不可磨灭的印象"。

老师成了"局外人"

2012 年 12 月 31 日，第七届艺术节的标志性项目——大型艺术成果展示暨迎新年文艺汇演拉开帷幕。在演出现场做准备工作的，竟然是两个班的学生，他们看上去分工明确，井然有序，有的准备舞台道具，有的负责舞台监督……老师似乎成了"无事可干"的局外人。

学生活动让学生自己唱"主角"，这是广文中学一贯坚持的课程理念。模特社团在广文中学是一个极具人气的学生自组社团，首届模特社团团长李蔚语是 2011 年第 11 届 CCTV 模特电视大赛冠军，很多学生都想加入这个社团，但是由于场地限制只能望洋兴叹。在本届艺术节活动项目调研中，现任团长朱芮娴主动请缨，由模特社团承办一场面向广大同学的"校园模特秀"。任何学生都可以报名参加，不限身高，不限体型，也不管是否有走台经验，目的是帮助同学们"圆梦"。她们的策划方案很快得到了学校的认同，学生参与热情高涨，报名达 200 多人。她们马上着手各项准备工作：反复设计活动流程，到社会上拉赞助，借 T 台、灯光、音箱，到影楼挑选服装、道具……为了让选手们走出风采、走出自信，她们利用课余时间对全体选手反复进行走台技巧培训。在模特社团全体成员的共同努力下，这场"走秀"活动取得了意想不到的效果，成为本届艺术节中的最大亮点。一名应邀到现场担任评委的专业模特不禁感慨万分："经历了那么多的比赛，如此大规模的模特走秀还是第一次看到，而且是在校园里由学生自己组织的。"谈到承办这项活动的感受时，朱芮娴同学的自豪之情溢于言表："虽然很辛苦，但看着同学们在 T 台上有板有眼地展示自己的风采，实现自己的愿望，那种成就感是无与伦比的。"

没有学生的自主参与，老师就不可能培养学生的自觉行为，特别是带有积极性的自主参与，能够使学生在活动中获得自我实现。因此，"学生自己能够做到的，老师一定要往后退"、"让学生自己去做，给学生最大限度的参与空间"，成为活动课程的重要设计理念。

在这种理念的引领下，广文中学在设计和实施活动课程时，都让学生自己做主。每类节日课程从选材到形式到组织都是由学生自己策划、自行操作的。各个选修模块的内容，也都是由学生发展处向全校学生征集，然后通过问卷调查的方式最后确定，再采取竞标的办法由中标的班级或者学生团体去承办的。

让学生自己组织活动，怎样才能保证活动顺利进行并有一定的效果呢？当然，让学生自己唱主角，并不意味着老师完全放手不管。我们将自己从以往繁杂的包办式的教育中解脱出来，站在"导演"的角度在每项活动中为学生把好关，做好指导。同时，学校明文规定：各承办团体由学校统一授权，在承办该活动期间享有对其他各班级和社团的调度权，任何部门、任何老师不得对学生横加干预。这项规定给各承办团体顺利组织活动提供了有力的保障。

有参与就有体验，有体验就有成长。一个人要形成良好的思想品德，获得真才实学，掌握过硬的本领，无不需要积极的内心体验。对于形象思维处于主导地位的初中学生来说，更是如此。体验能让学生的思维产生飞跃，使之获得刻骨铭心的思想情感和知识、技能；体验能让教育目标化为学生内在的基本素质。

因此，为了增加学生的实践体验，广文中学积极为他们创设条件，搭建平台，成功构建了以实践活动为主流的六大成长体验模块——"环境体验"、"成功体验"、"困难体验"、"劳动体验"、"责任体验"和"角色体验"，并将其贯穿于节日课程系列活动当中，以求让学生在不同的实践体验中从不同角度提升自身素质。

在每年的科技节中，学校针对新开设或将要开设的理、化、生学科，特意设置一些与之相关的趣味类实践操作活动。这些活动不一定要有多大的技术含量，在老师的引导下学生一般都能操作成功。学生如果能够从中体验到乐趣和自信，很自然地就会对其所涉及的学科产生浓厚的学习兴趣。这就是"成功体验"。

"英语电影配音模仿秀"是近几年英语节中备受学生喜爱的一项经典活动，学生对照着大屏幕秀角色对白，《功夫熊猫》中活泼的猴子、《鼠来宝》中机灵可爱的鼠小弟、《哈利·波特》中善良的多利、《百万英镑》中的市侩小人托德等，都是学生喜爱模仿的角色。学生们在绘声绘色的表演中，不仅锻炼了英语发音，还得到了艺术的熏陶和情感的升华。这就是"角色体验"。

"从自主参与中来，从实践体验中来"，已成为广文中学恪守的学生发展理念，这个理念在六大节日课程的实施过程中得到了淋漓尽致的体现。

"一见钟情"的入校课程

广文中学成立后，有教师拍了一张第一批新生报到时的照片。

看到这张照片时，我的心被戳了一下。

照片上满是学生。但细心观察每个学生，除个别人外，多数人都在茫然四顾。他们在干什么？找人，他们要找寻小学阶段熟悉的同伴。

从小学升入初中，对十二三岁的孩子来说，是个不小的挑战。

一名新生的日记让我们了解到了其中的缘由：

> ……来到广文中学，我既有些焦虑又有些茫然：我该如何调整自己的心态，快速适应中学的生活？来到一个新的环境，面对新的老师和新的同学，我又该怎样融入这个新的集体？中学开设那么多的课程，我会不会手忙脚乱？我在小学时的优势还能不能继续保持呢？

看来，刚刚升入初中的新生需要我们的帮助！

曾有不少家长向我倾诉："我的孩子在小学学习挺优秀的，为什么到了初中就不突出了？"固然有初中优秀学生多的缘故，但孩子对初中生活不适应，是否也是一个重要原因？因此，必须改变传统的做法，把学生入校的过程变成一个帮助他们适应初中生活的过程。

于是，2007年，主题为"千日之成，始于今日"的入校课程被我们勾勒出来。一千个日子能够造就一个怎样的"我"？对于初中学生来说，入校的"今天"对此有着重要的影响。

为此，我们设计了一周的入校课程，以帮助学生消除茫然无助的情绪，尽快形成对学校、班级的认同感、归属感，谓之曰"走进学校"；我们引导学生正确认识自己，客观评价自己，规范提升自己，称之为"认知自我"；我们指导学生制定发展规划，确立目标，积极做好各项准备，顺利进行初中学习，名其曰"规划未来"。

由此，三个课程目标、三大课程模块确立下来。

在"走进学校"课程模块中，我们设计了"认亲"、"认家"、"走过中学门"入校仪式三个内容。

"认亲"活动我们要求在班级内进行。由班主任、任课教师导演策划，主角是学生，用游戏互动等形式让陌生的学生能够互相认识，相互交流，很快凝聚为一个班集体，同时，还让他们自由组合建立起各个小组。

"认家"活动我们要求在全年级开展。组织新生参观校史馆，请他们寻找相关处室，听"广文的昨天、今天和明天"的报告，从感性到理性帮助他们接纳广文，走进广文，归属广文。

"走过中学门"入校仪式，是入校课程中最重要的"礼"，主要包括"跨过中学门"、"校长授旗"、"感恩父母情"、"新生拜师"、"宣誓"及"发放成长礼物"等几个环节。仪式场面庄严神圣，深情动人。教师现场为学生颁发了需使用三年的成长护照，活动在学生铿锵有力的宣誓声中圆满结束。

"认知自我"课程模块包括"小学、初中衔接教育"和"校规班规我来定"两方面内容。前者以听专家做报告、现场观摩等方式进行，同时让新生与上一届同班级学长结对子。后者则完全由学生参与、体验，用头脑风暴法收集每个学生的意见，建立小组规则和班级规范，并形成大家共同约定和遵守的学校规范。这样的规范，被同学们称为"公约"。

"规划未来"课程模块为培养学生走向未来、走向社会所需具备的素质做铺垫，内容包括学会感恩、学会合作、做"有文明素养的自我"和"有精神追求的自我"，开展现场互动报告、电影观赏评论、"知名校友在我身边"、"设计我的40岁名片"等活动。

全员参与的班级风采展示活动是新生入校课程的最后一项。展示方式、展示内容完全由学生确定。我们一改过去台上表演台下观看的传统方式，让学生全员参与，每个学生既是观众又是演员。而且，班主任和学科教师也都加入各自班级的展示行列中，他们或做导演，或当演员，或做客串，大大拉近了与学生的距离。至此，为期一周的入校课程圆满结束。

"永不离校"的离校课程

2007年7月，广文中学第一届学生毕业了。我们采用请各类代表走上主席台发言的传统方式举行了毕业典礼。当我们来到初三教学楼给学生送行时，我发现，初三学部主任和班主任老师表现得很紧张。这是什么原因呢？他们说："学生已经毕业了，不服从老师的管理了，我们担心个别学生会搞破坏，以往毕业的时候，总会有一些不愉快的事情发生。"果然，在我们巡视教学楼的时候，一张刚刚被砸坏的课桌赫然入目。

学生怎么了？他们为什么要用这样的方式表达离校情绪？

一位同行说："这很正常，每年学生毕业时，几乎每所学校都会发生这样的尴尬事件。"

但我不接受这个大家习以为常的现实，我相信，事情背后一定有原因，找到了原因就一定会有解决办法。

带着对问题的追问，我们来到学生中进行调研，发现学生毕业前"渴望宣泄情绪"，之前的毕业典礼只是让他们领到了毕业证书，告诉他们"你毕业了"。除此以外，没有任何意义。

因此，必须改变毕业典礼的活动设计，让学生在活动过程中实现自我成长。于是，我们开发了离校课程。

课程开发的过程也是我们持续追问的过程。

我们希望获得怎样的效果？答案就是离校课程的课程目标。

怎样构架课程内容，才能够实现这样的课程目标？于是，有了关于离校的"课程板块"。

哪些内容能够让课程目标最大限度地实现？在这样的追问与思考的过程中，我们形成了包含具体内容的离校课程体系。

2008 年 6 月 18 日，广文中学第二届学生毕业的时候，我们实施了以"根系广文，胸怀天下"为主题的离校课程。

离校课程主要包括三个课程板块：班主任在各班主持的"主题班会"活动，校长在校体育馆主持的"毕业校会"活动，在校全体师生参加的"校园送别"活动。

"主题班会"以"倾诉、感恩、憧憬"为主题。班主任准备了大量的图片、视频资料，带学生回顾往昔丰富多彩的校园生活，让他们感受母校的温暖、同学的友谊、老师的关爱。伴着轻柔的音乐，在班主任声情并茂的引领下，学生"回忆师生情"，"解开千千结"，"展望未来路"。此时，"图钉男孩"站出来了："老师，那颗图钉是我放的，您打我一顿吧。"原来，因为老师不经意说过的一句话，他对老师有意见。于是，趁老师不备，他在老师的凳子上放了一颗图钉，扎伤了老师。但富有爱心的老师没有追究，甚至没声张，可男孩的内心却一直在纠结。那一刻，师生全都落泪了。

"解开千千结"的游戏，让同学们体会到"我们还是一家人"。师生们一起谈规划，谈愿望，共同展望未来。

每年开完"主题班会"后，班主任总是红肿着眼睛，向我诉说他们的感动：从来没有的真情流露，从来没有的真心祝福，从来没有的诚挚道歉……在班会上都出现了。

班会结束后，各班学生都自发地打扫教学楼卫生，并将教室装饰一新，在留言板上写下对学弟学妹们的真诚祝愿。

"主题班会"实现了同学之间、师生之间的情感倾诉，而"毕业校会"则为师生升华情感提供了最好的平台。经过我们的精心策划，教师、学生、家长全部参加的毕业校会，承载着学生的感恩离别、教师的牵手祝福、家长的殷切期望、学校的衷心祝愿四个主题，精彩演绎着同学缘、父母恩、师生谊、母校情，将离校课程一步步推向高潮。

在"同学缘"环节，校友们的故事让学生看到了30年后，甚至50年后的自己，感受到了友谊的长久和同学情的可贵；同学互相祝福，更是点燃了学生心中的感动。在"父母恩"环节，学生感悟着父母的辛劳，全体学生向在座的家长三鞠躬，表达悠悠寸草心。"师生谊"环节将毕业校会推向高潮，学校播放班主任、任课教师感人肺腑的事迹视频，学生向全体恩师献花、鞠躬，教师向学生还礼、献词，尤其是全体教师向学生鞠躬致歉——"请原谅我的无心之过"，更是唤起了学生对老师浓郁的敬爱之情，全场师生泪流满面，大家都沉浸在深深的感动之中。"母校情"环节，开展独具特色的班牌传递及交接仪式，学弟学妹们从毕业生手中接过象征着责任与使命的班牌，他们流露着豪情和激动。最后，每位毕业生走过"毕业门"，登上舞台，接受校长为自己颁发的毕业证书。

此时，每个毕业生都豪情满怀，全体毕业生手持毕业证书进行毕业宣誓，向同伴、师长、父母、母校、祖国郑重承诺，宣誓声音如轰雷震耳，激人奋进。

最后，毕业校会在《放心去飞》的旋律与绚烂的礼花中圆满结束。同学们怀着感动与憧憬走出体育馆，身着整齐校服的初一、初二年级的全体师生早已列队等候在外面，从体育馆出口处沿校甬道两侧一直延伸到校门口，到处是挥舞的鲜花、欢送的横幅、热烈的掌声、祝福的口号。初三年级的老师们全都站在门口，像送自己的儿女远行，他们拥抱每一位毕业生，嘱咐了再嘱咐，叮咛了再叮咛；每位毕业生也都像即将独自上路的儿女，恋恋不舍地离开校园。

离校课程让毕业生真正体味到了母校的温暖与深情，感悟到了同学之间、师生之间、亲人之间的深情厚谊，从而将感动化作腾飞的羽翼，把离情当作前进的双桨，他们带着母校的嘱托和祝福，走出校门，迈向新的征程。

离校课程是对学生进行的最后一次，也是最好的一次教育。在一年一度对毕业生进行的回访中，进行"你在初中阶段印象最深的十项活动"调查时，大部分同学把离校课程排在第一位。

"离校课程"改变了同行们眼中所谓的"常态"，它给了学生一份积极的情感和未来发展持续不断的动力。

把班会还给孩子

班会是学校集体活动的主要形式之一，是以班级为单位，围绕一个或几个主题对全班同学开展教育的有效方式。班会应成为学生自主发表意见、参与集体管理、共同研究班级发展事项的重要舞台。

可事实上，班会课上常常有班无会，"老班"一味地总结强调居多，学生能够自主发言者甚少，有的班会甚至成为班主任的"自留地"。班会课没有"主题"，俨然就是"大杂烩"。曾经有位家长找我，说孩子最怕周一上学。原来，在这个孩子的班级，班会课被班主任上成了批斗课——班主任动辄逮着一个学生的错误横扫全班，批评说教所有同学。家长说，这个孩子周一班会时常常被气得直想跺脚。

"何时我们能自己议事啊？"孩子的这句话，警醒了我——把班会还给孩子。

于是，我们尝试构建以学生为主体的班会课程体系。

班会课程以解决学生成长中的问题为目标。我们通过问卷调查汇总学生成长中的普遍性、代表性问题，提取多年来教师在班级管理工作中发现的常见的、易发的问题，又借鉴潍坊市中小学成长导航站的老师提供的案例及研究报告，确定了学段专题和班会主题。初一学段以"规范言行，培养习惯"为专题，初二学段以"飞扬青春，同伴友情"为专题，初三学段则以"规划人生，我的梦想"为专题。在初中阶段的六个学期中，每个学期凸显一个专题，或习惯养成，或规范言行，或同伴关系……在这个专题下，再确立不同主题的每周主题班会。比如，围绕习惯养成，可以设立"课堂参与习惯"、"自主预习习惯"、"家务活自己做的习惯"等主题班会。

班会课程不再是由班主任一个人来实施，而是由班主任、家长、学生三方共同策划，由学生具体实施。一个年级18个班级，每个班级负责一个主题班会课程的开发，如同集体备课那样，主备班级说课，18个班级共同研究，形成课程方案，分班实施。

班会课程的实施方式也走向了多元化，有主题交流、主题演讲、主题联欢、主题辩论、主题讲座、主题访谈、主题实践、主题沙龙等。无论哪种方式，都以学生为主，辅以教师指导，充分发挥学生的主体参与性和主观能动性。

孩子们的创意无限。在儿童节到来的时候，他们选定了"主题联欢"的方式，举办"告别童年，拥抱青春"的主题班会。他们将主题班会设计为三个模块——秀我成长、青春梦想、行动有我。在学生的主持下，每个孩子用自己独特的方式展现自己的"成长"，家长为孩子佩戴成长标志，赠送成长礼物；家长们回想当年，唱响"青春之歌"，激发孩子们的"青春梦想"，孩子们用诗朗诵、舞蹈、青春规划等多种方式表达自己对青春的向往；每个孩子都郑重写下自己的青春誓言和青春行动计划，就生活上、学习上、活动中该如何做向老师、家长承诺，由师长、同伴见证。最后，孩子们把青春誓言张贴在班级文化栏中分享。

我发现，孩子们喜气洋洋的，意犹未尽。主题班会点燃了他们的青春梦想，我相信，他们会珍爱青春，用强有力的行动踩下他们坚实的青春足迹。

一般我们会根据主题内容确定采用何种方式开展班会。对于孩子们在成长中必然会遇到但存在矛盾认识的问题，如交友、网络、青春偶像等问题，我们大都采用主题辩论的方式开展活动。而对于是非明确的问题，我们会搜集大量的正反两方面案例，采用主题交流的方式展开活动。教师节、母亲节、感恩节、重阳节等节日主题班会，我们大都采用主题演讲（朗诵）的方式。而专业性较强、重在开阔孩子视野的主题班会，我们则采用主题讲座的方式。"高效学习方法大家谈"主题班会，采用主题沙龙的方式效果最佳。"青春困惑专家谈"主题班会，我们采用主题访谈的方式。而"身边有法"主题班会则开在了看守所，采用主题实践（体验）的方式……这些活动均收到了很好的效果。

要用课程规范活动，就必然要跟进课程评价。我们规定，对学生的班会课程实行学分管理，每个学生都要策划和主持班会，一个学年至少一次，主持一次获得两个学分。

我们以学分管理的方式实施班会课程，既激发了学生的兴趣，解放了教师，又推动了学生的自我管理，班会的面貌由此大大改观。

我型我秀，"组团"成长

2011 年 7 月，李蔚语荣获第 11 届 CCTV 模特电视大赛冠军。对广文中学来说，这是一件喜事，因为李蔚语是广文中学的毕业生。

让我们惊喜的，不是她实现了冠军梦，而是她的成功昭示着广文中学的社团活动会走向更加光明的未来。

2006 年 7 月，由两所学校的初中部整合成立广文中学，我们围绕着"打造一所初中理想学校"的目标，广泛征求学生的意见，发现社团是学生最喜欢的组织之一，由此我们开始了社团组建工作。

在调研学生的兴趣、了解教师的专业指导能力后，我们确立了五大类二十三个社团。模特社团虽有十几个学生报名，但因为没有专业教师指导，所以暂时无法成立。

于是李蔚语找到了学生发展处王信宝主任，请求设立模特社团，并表示没有指导教师不要紧，可以从网上下载视频和指导资料，自主学习，自己练习，因为"我们喜欢"。

王主任做过多年的学生工作，在广文中学成立之前在潍坊二中任团委书记期间，就力主组建社团，并于 2005 年 3 月成功启动了第一批十二个社团，他亲眼见证了学生在社团里的成长过程。

因此，王主任没有一丝一毫的犹豫，立即答应了她的请求。

就这样，由李蔚语任团长的模特社团成为广文中学唯一一个没有指导教师的社团。正因为如此，模特社团的每一点进步都让我们感到惊喜。

12 月份是学校的艺术节，艺术节历时一个月，各艺术社团的学生们纷纷亮相。在 12 月第三周周四下午的社团活动中，李蔚语和她的模特社团展示了她们近一个学期的发展成果：美妙的音乐、轻盈的步伐、优雅的气质……模特社团的表演征服了大家。于是评委们决定，邀请模特社团参加艺术节最后的大型文艺汇演。

从此，模特社团的表演成为艺术节上毫无争议的节目，成为大型文艺汇演的保留节目。在2012年的第七届艺术节上，我们第七次看到了模特社团的精彩表演。

模特社团的每一个成员都在社团活动中取得了很大的进步，正如李蔚语所说："社团，给了我锻炼，给了我自信，促进了我个性的张扬。初中的学习和生活，是我的特长奠基的阶段。"

如今，广文中学已经发展出八大类一百零五个社团，只要学生有需要，就可以创立社团，学校为社团活动提供场所，教师跟进指导或参与管理。同时，一大批家长、社会人士走进来，为孩子的那份"喜欢"，奉献着自己的智慧。

各类社团极大地满足了学生的兴趣发展和选择需要。有文艺娱乐类社团，如话剧社、漫画社、民乐团、吉他协会、"青春驿动"广播站、街舞协会等；有探究创新类社团，如"田园"科技站、小课题研究社等；有文学素养类社团，如"晨光"文学社、文华源报社、英语俱乐部、"小草"诗社、国学社、春雨读书社等；有劳动技能类社团，如手工制作社、小木匠协会等；有实践操作类社团，如风筝扎制社团、十字绣社团、毛线编织社团、花样手链社团、中国结社团、剪裁社团等；有社会公益类社团，如爱心社、环保兴趣协会、动物保护协会等；有体育运动类社团，如健美操社、跆拳道协会、武术协会、羽毛球协会、篮球协会、排球协会等；还有综合类社团，如摄影协会、网络协会、口才俱乐部、心理协会、集邮协会、法律咨询中心等。

每年新生入校两周后，学校组织的"社团纳新"活动就开始了。

学生发展处先发给学生一份"社团课程选课指南"，对现有社团进行介绍。各社团在校园里张贴海报，标注招募条件和招募时间。在社团招募新成员那天，校园如同一个大超市，各个社团展台前站满了前来报名的新生。

"纳新"是双向选择,新生选择社团,团长选择团员。新生最多可以申报三个社团,因为申报人多,每个新生填写"入社申请表"时都非常慎重;各社团团长有最终决定权,如果认为有必要,团长可以对申请新生进行面试。

如果对现有社团没有中意的,可以自己组建。学校规定,五人以上可以发起创建社团;招募到十五个人,社团就可以被批复。

社团招募结束后,学校会把所有社团的开课情况张贴出来,什么时间、在什么地点、多少人参加等,一目了然,这彰显着全校几千名学生的选择。

于是,从新生入校后的第二个月开始,学生每周都有一次社团课程。

学生参加一个社团,可以得到两个学分;如果是社团负责人,再增加两个学分。

所有的社团课程都设在周四下午,每到周四,课程管理委员会的老师们就走进大大小小的社团进行督导,督导结果将作为学校对师生的过程性评价。

每学期结束时,各个社团都要展示自己的社团发展成果。学生个人的展示将作为标志性成果记入个人综合素质评价中;社团全体成员的展示情况,将作为指导教师的终结性评价纳入考核中。

每年6月初,学校举办"社团节",邀请家长和社会各界人士走进学校,见证孩子们在社团里的成长。

学生说,因为是自己选择的,所以"特别喜欢和认同";因为是自己选择的,所以"感到特别有责任";因为是自己选择的,所以"学会了自律"。

因为是自己选择的,所以社团的发展成果层出不穷。

"田园"科技站大胆提出了"节能灯"的创意。他们从环保、能源利用等各个角度经过大量的分析和论证,最后形成了一个《创建节能型城市,坚持可持续发展》的方案,提交给市长。

爱心社募捐"爱心款"三万多元,一年内到安丘市柘山镇小学开展三次扶贫助困活动。在读书节"好书漂流"活动中,他们募集图书两千多册送到该校。

文华源报社于 2006 年 10 月创办了校报《文华源》，从采编、版式设计到印刷发行，完全是由学生自己完成，自负盈亏。《文华源》曾被评为山东省优秀校园社团刊物，在校内外学生中极具人气。

乒乓球协会的单连成同学，2007 年以优异突出的体育特长被武汉体育学院录取。

英语俱乐部的宋炳麟同学在 2009 年全国校园素质教育英语口语素质能力竞赛中荣获金奖。

2011 年，合唱团的张家冀同学在中国青少年艺术英才推选活动全国总决赛中荣获初中组金奖，杨笑涵同学在第十届全国少儿才艺大赛中荣获全国声乐类少年组银奖。

2011 年，篮球协会在山东省中学生篮球联赛中获得亚军。

2011 年，航模协会在山东省航模竞赛中十七人次分别获得一、二、三等奖。

2009 年，中央电视台举办"挑战小勇士"大型竞技比赛，在参赛的十二个代表队中，广文中学代表队获得了金牌总数和奖牌总数第一。

2010 年，在校园金话筒主持人大赛上，在潍坊赛区的"中学生十佳"评选中，广文中学有五位同学入选，而且包揽了大赛的所有金奖、银奖和单项奖。

2012 年，在潍坊一中自主招生录取的二十二位学生中，有十位来自广文中学。

2010 年，潍坊一中给我们发来喜报，盛赞我们的毕业生在一中的学习生活中取得了优异成绩。

张家华在潍坊一中就读高二期间，荣获全国青少年科技创新大赛金奖。他在广文中学就读期间，是"电脑社团"负责人。2008 年，他获得第九届全国中小学电脑制作活动大赛网页设计类一等奖。广文中学的"自主选班系统"就是张家华开发的，直到今天还在使用。

　　姜俊羽是和张家华同一年迈入潍坊一中大门的同学。2010 年 3 月 31 日—4 月 6 日,他随两国青少年文化交流代表团赴马来西亚,为中马建交 35 周年文化交流联谊晚会特约主持,被授予"中马文化交流使者"称号。

　　姜俊羽酷爱英文,他在广文中学英语俱乐部里如鱼得水,尽情施展拳脚。广文中学英语节中的经典项目,比如英语电影配音模仿秀、英文演讲比赛、英语单词接龙等,都是他任社团负责人期间创设的。

　　如今,广文中学的学生在丰富多彩的社团中尽情地驰骋着。

借力资源,为学生打开实践课大门

　　我曾经写过一篇博文《我们称他为"大叔"》,是一次和"大叔"聚会之后有感而写的。

　　叫他"大叔"并非因为辈分,而是因为他的个人威望。

　　在那次聚会上,我跟"大叔"谈起学生的成长,谈起学校综合实践活动课程的开设,以及面临的安全、资源不足、交通不便等诸多问题和压力。他说:"问题肯定有,尤其是安全问题,但不能因噎废食,无论怎样,应该给孩子们创造实践的机会。""大叔"的话重新给了我勇气和信心,于是,如何更好地开设综合实践活动课程,成为广文中学新学期行动研究的重点。

　　广文中学成立之后,综合实践活动课程便进入学生的课程内容。"信息技术教育"继续开设,"劳动技术教育"也通过"潍坊市中小学生综合实践基地"和社团课程得到有效实施。为了落实其他综合实践活动课程,每年,我们在上半年组织全体初一学生外出一次,下半年组织全体初二学生外出一次。每次外出实践,都是"全民皆兵"。学校先行考察确定地点,计算时间,设计活动内容,拟定详尽方案,协调交管部门配合,上报教育部门批准。如果方案获批，全校教职工全部出动，每人负责一部分学生的安全，对讲机、步话机全部配备，保安全部参与，交管部门也配合维持路上交通。一次活动下来，大家耗尽心力。

因为带领学生外出一次不容易，所以每次活动内容尽量丰富一些，既有研究性学习，也有社区服务和社会实践。

初一年级的实践课程是"青云山植物主题研究"，包括捡拾青云山垃圾、为苗木地拔草等内容。

第一次参加实践课，学生异常兴奋："昨天我就睡不着了，今天早晨5点多就醒了。""我体验到了课堂上无法体验到的学习乐趣，学到了课堂上无法学到的知识，增进了对同学的了解，和老师更亲了。"

然而，学校开设综合实践活动课程面临着诸多困境。

首先，我们在学生安全上有压力。外出时学校管理力量有限，初中生活泼好动，探索意识强，让老师们很担心。2010年5月广文中学上千名学生进入青云山，山上一位游客很不解地问："你们是哪所学校的，敢带这么多学生出来，咋这么大胆？"

其次，学校资源不足，相对闭塞，社会对综合实践活动课程的支持力度不够，能接收学生实践探索的地方有限。

再次，交通不便。离开学校，就需要交通支持，经费有限，收费受限，处处受阻。

更严重的是，教师开发综合实践课程的能力有限。

那么，开设综合实践活动课程的有效途径在哪里？

翻开面向家长的调查问卷，其中两个关于"家校合育"的工作内容排序触动了我。在"我最满意的学校工作"调查中，"家校合育"被排在第二位；在"我最希望学校推动的工作"调查中，"家校合育"也被排在前三位。"家校合育"受到家长高度认可，但同时他们希望我们做得更好。大力推动家校合育工作，是学生成长的必需，更是学校和家长的期盼。对！开设综合实践活动课程的突破点就在这里。

学校马上在家长中开展第二次问卷调查：您的职业，您在安全管理、心理健康、法制教育、职业指导、亲子教育、校外实践等方面能做什么，您能参加哪类学校义工活动，您家庭中的其他成员还能为学生的实践活动提供哪些资源，等等。调查信息汇总后老师们重拾信心。家长的职业涵盖了医疗卫生、教育文化、科技、金融、物流、商业、企业等各行业，综合实践活动课程所需的资源他们应有尽有。家长百分之百地报名参与了学校的事项，有三分之一家长报名参加了两个以上的事项。综合实践义工团、助教义工团、活动义工团、爱心互助义工团、安全监管义工团等五大类家长义工团随之建立。

2010 年年初，随着新一届家委会成立，综合实践活动课程成为家委会的一项重点工作。校级家委会统一部署，年级家委会制订计划，各班级家委会组织实施，会长为各层面第一责任人。开设综合实践活动课程由此进入常态。

每月一次的综合实践活动，包括社会考察、社区服务、社会实践、研究性学习。

实践课程由学校开发，所有学科教师参与课程设计。社会考察地点、社会实践内容，均由学科教师提出建议或与家委会协商。一般地，学科教师会提出两种以上方案，由家委会根据自己的资源作出选择。社会考察、社会实践关注学生的生活，密切联系学科学习，民俗文化、自然环境、经济发展、家乡变化等都成为学科学习的重要引桥。

实践课程由家委会组织实施。家委会拟定实施方案，制定活动流程和安全预案等。每次都有多人参与，大家分工负责，共同组织。教师负责指导学生的活动过程，以让学生获得最大收获。

活动结束后班主任组织学生总结和分享。从活动内容、活动过程、活动收获等几个方面全面总结，就像自主课堂一样，学生分组交流，全班展示，收获更大。

社区服务不限地点，根据家长的资源确定。家长们积极组织，热心参与，因为他们看到了孩子们的改变。正如 2011 级（8）班肖江南同学在学期总结中所言："无论是在印刷厂、科技厂，还是在节能厂，'环保'两个字不停地出现。企业身上背负着的，是所有消费者的安全，是国家环境的重担，亦是我们的未来。这次考察，让我有了梦想和责任。"

综合实践活动课程的常态开设，需要机构和人员的常态设置。因此，学校专设综合实践活动课程管理委员会。共有三员大将，一个负责研究性学习，一个负责社会实践和社区服务，一个负责劳动技术教育。

如今，在综合实践活动课程的实施上我们探索出了各种方式，或融为一体，或并列进行，还可以拖带式进行，最有效的就是把学科教学内容融入其中。综合实践活动课程成为学科教学的重要引桥，学科知识在其中得到了综合运用。

如今，几乎每个周末，都会有若干部款型不同、大小不一的车辆从广文中学校园里驶出来。这是家长们用私家车带孩子们去参加综合实践活动课程。

每当此时，我的内心就会生出无限感动！

按"需"设置研究性学习

2012 年 7 月 4 日，全国 20 家新闻媒体齐聚广文中学考察素质教育现状，正巧赶上学校开展学期研究性学习成果汇报展示。各家记者纷纷被学生研究的内容、展示的方式、互相质疑的场景所吸引，本来 30 分钟的考察又延长了 30 分钟，一个小时后他们才从广文校园离开。

其实，起初的研究性学习，并不是这个样子，甚至差点儿夭折了。

广文中学成立之初，就组织学生大力开展研究性学习活动，他们可以依据自己的兴趣、爱好，任意选择课题进行研究，结果他们选的课题五花八门。老师们叫苦不迭，直喊指导不了。而到了展示分享的时候，台上展示的学生"热火朝天"，台下观摩的同学"神情漠然"，你登你的台，我做我的事，各不犯界。这样怎么能形成研究的氛围呢？

研究性学习的目的是"让学生通过实践，增强探究与创新的意识，学习科学研究的方法，发展综合运用知识的能力"。那么，研究什么？可以根据学生的知识基础、成长需求、研究兴趣等几个方面综合确定。

于是，我们再一次调研学生的需求，倾听教师的建议，最终，研究性学习以"专题—主题—小课题"的实施方式被确立下来。

所谓"专题"，就是基于学生的成长需求，分学段设立不同的研究领域。初一、初二、初三三个学段，分别研究"人与自然"、"人与自我"、"人与社会"三个领域。专题的设立，贴近不同年龄段学生的发展需求，让研究跟着需求走。

所谓"主题"，就是根据学生的知识发展水平，在不同的学期围绕专题设立不同的研究项目。初一上、下学期分别确立"人与动物"、"人与植物"主题，初二上、下学期分别研究"人与自我"、"人与同伴"主题，初三上、下学期分别研究"人与和谐"、"人与职业"主题。

所谓"小课题"，就是学生基于个人的兴趣，围绕主题选定或确立适合自己的小课题。以"人与植物"为例，可以研究根系，可以研究叶子，可以研究病虫害，可以研究植物生长过程。兴趣相同的学生可以组成研究小组，研究小组分工合作，共同研究，共享研究成果。

研究小组形成后，聘请指导教师。然后在教师的指导下，确定研究方案。经专家组评审论证后，组织实施。

因为主题相同，有时需要全校统一组织学生外出考察、采集标本等。这种全校性活动一个学年组织一次，更多的时候，依托家委会组织的其他综合实践活动。在活动中，学生们获得了大量第一手资料，有拍照的，有记录的，有采集的，有上网查阅资料的，也有负责撰写报告。在研究过程中，小组分工协作。学期结束时，学生上交研究报告，经专家组评审后，合格的予以通过，记入学分；优秀的奖励学分；不合格的退回，重新撰写。随后举行研究性学习成果展示会。学生们各展风采，用各种形式表现自己的研究成果。

我们把研究性学习作为综合实践活动课程的重要组成部分，必然少不了教师的指导作用。在初一下学期"人与植物"主题研究性学习过程中，教师首先设计问题，激发学生的问题意识，从而引导他们寻找自己的小课题。活动前，教师有意识地安排了以下问答。

1. 请你说出校园里的树种，至少说出五种。

2. 请你说出广文楼前种植园里种的植物种类，至少说出十种。

3. 你知道学校养殖园里养了几只兔子？兔子的主要食物是什么？

4. 请你说出初一各科教材中涉及的植物内容。

5. 采集植物标本时，你一般需要哪些用具？

6. 世界上种类最多、分布最广的植物类群是什么？

7. 人们在河堤、山坡、沙地上造林和种草的主要目的是什么？

……

学生外出考察、采集、研究的时候，教师会布置一些任务，如下所示：

每个小组采集至少四十种不同的植物标本。

家长志愿者承担"史官"工作（拍照、记录）和安全监督员职责。

各小组利用上下午分散活动时间到达八个必到景点及四个选到景点，穿越"封锁线"领取"战利品标志"。

观察并记录路边的标语或警示牌，同时将之翻译成英语。

主动捡拾垃圾，做环保小卫士。

向其他游人介绍本组研究课题，并收集建议。

及时处理信息，得出结论。

深入思考，继续提出问题。

把考察途中的事物记下来，养成观察的习惯。

……

在实践课程设计中，我们把课题研究和学科知识的学习、拓展与运用，以及社区服务等巧妙融合在一起。

考察结束总结时，老师们还不忘引导学生拓展知识面。

1. 青云山位于潍坊的哪个县市区？在广文中学的哪个方位？

2. 在野外定向的方法有哪些？请具体说明。

3. 青云山的民族风情区有哪些属于西南地区的少数民族？请说出至少三种。

4. 下列哪个别称指青云山所在的县市区？

古城、蜜桃之乡、化石之乡、恐龙之乡、宝石之乡、丝绸之乡。

5. 从学校到青云山，我们依次经过哪些街、哪些路？

6. 你沿途看到的农作物有哪些？请你列举我国从国外引进的农作物品种（说出三种以上并说明是什么时期引进的）。

教师对学生的考察要求甚至延伸到了地域文化，同时，还有学科知识的拓展。

1. 在青云山上你看到的少数民族有哪几个？中国历史上与这些民族有关的知识点你学习了哪些？

2. 我国历史上为加强对少数民族地区的管辖而设立的机构有哪些？

3. 在少数民族村寨，共介绍了多少个少数民族？请举出一个民族，并说明他们的风俗、礼仪等。

4. 图腾广场汇集了各民族的文化精髓，中心是中华民族的龙柱，周边四根图腾是按照什么设计的？

5. 哈尼寨按哈尼族的风情而建，他们的住房有什么特点？

6. 在白塔附近的友谊园里种着两株日本樱花，请说出来历。

这些问题让学生回来后都有话可说，他们比考了满分还兴奋呢！

不断"生长"的"广文节"

"国家有国家的节日，民族有民族的节日，我们也有自己的节日。"被孩子们称为节日的，是广文中学的节日课程。

广文中学成立后的第一年年末，学校举办"艺术节"活动，其中有一个全校师生参与的活动——"跳蚤市场"。那天下午，全校停课，虽寒风凛冽，但摆摊的、设点的、吆喝叫卖的、讨价还价的……什么都有。广文校园里就像炸开了锅，每个人都是一脸的兴奋。每年，对已经升入高一的学生回访时，对于"初中阶段印象最深的十项活动"，学生们几乎都写了跳蚤市场。跳蚤市场与文艺汇演，成为艺术节的两个标志性事件，前者营造了浓郁的"节日"气氛，后者彰显着"节日"的内核。

孩子喜欢过节，期盼过节。设立节日课程给他们一年中平实的校园生活掀起了一个又一个小波澜，给他们的生活增色不少。

问题是过什么节。

我们回到育人目标中再一次寻找。

培养学生广阔的视野与健康的审美情趣，培养学生高尚的情怀与道德情操，培养学生丰富的想象力与鲜活的创造力，所有这些都离不开书籍。我们在 3 月设置了读书节，以"对话经典名著，涵养人文底蕴"为主题，让好书"漂流"起来，推动着学生好读书、读好书。

为了锻炼学生的身体，增强学生的体质，培育学生的品格，促进学生的发展，我们在 4 月设置了体育节，以"活力校园，运动无限"为主题，全员参与，人人展示，自主挑战。竞技体育与趣味运动相结合，日常比拼与体育竞赛相结合，既锻炼了学生的体能，又滋生了学生的锻炼兴趣。

语言表达能力是现代人才必备的基本素质。为了给学生创造"说话"的机会，培养学生的演说能力，我们在 5 月设置了辩论节，以"思想交汇，语言争锋"为主题，为锻炼学生的口头表达与辨别是非的能力，培养学生的团队合作精神，创造了良好的载体。

"科学技术是第一生产力"，今日之学生，明日之栋梁。所以，我们用科技推动科技，用创新培育创新。在 10 月设置的科技节，以"走进科学，走进梦想"为主题，展示学生的科技发明，分享学生的创新成果，让学生体验探究的乐趣，推动学生创新力的培养。

为了让学生感受英语，运用英语，享受英语，开阔视野，我们在 11 月设置了英语节，以"全民总动员，一起学英语"为主题，让英语从课本中走出来，从试题里蹦出来。我们营造的是氛围，学生形成的是能力。大家"人人参与，享受过程，体验快乐，收获成功"。

校园如有文化，就有深厚的文明底蕴；校园如有艺术，就有灵动的精神升华。我们在 12 月设置了校园文化艺术节，以"提高艺术修养，培养审美情趣"为主题，让学生用心灵感受艺术，用行为实践艺术。学校搭建的是平台，学生收获的是素养。

六个节现已进入广文学生的常态生活中。

学生们该怎么过节呢？

每年除去寒暑假，学生的校园生活有 8 个多月的时间。9 月开学，学校对学生进行入校规范教育，我们称之为"规范教育月"。暑假前的 6 月，学校对学生进行安全教育，我们称之为"安全教育月"。剩下的时间，一个月一个主题，也就是一个月过一个节日。

每个节日课程我们在具体实施时，又根据不同年度设计不同的分项主题。如读书节，或以"励志阅读"为主题，或以"个性化阅读"为主题，或以"为生命阅读"为主题。虽然同一届学生三年参加三次读书节，但是每次的收获都是不一样的。

当然，过节就应该像春节贴春联、放鞭炮一样，要有标志，那是学生终生难忘的仪式。六个节日也因为其各具代表性的标志性事件，让学生终生难忘。

3月的一天，校园里沸腾起来，我们以班级为单位开辟展位，学生们把读过的书带来，写上推荐词，标上价码，进行"好书漂流"，有的班级一次能漂流几百本好书。这就是读书节中的标志性事件——"好书漂流"活动。

在英语节中学生们表演"英语情景剧"，将英语节推向了高潮。学生们从小组开始，人人参与，全班展示，全校分享。在那一个月里，全校师生都用英语问候。

学生们在科技节中开展各种科技小制作、小发明。每个人根据所学知识，完成小制作、小发明作品一件，可以是文字性的"发明创新方案"，也可以是实物。课外活动时间，到处是学生们的宣讲声。

辩论赛是辩论节的主要内容，更是其标志性活动。学校征集学生的意见以确立赛题，从班级八人小组辩论赛到班内辩论赛，从年级辩论赛到学校辩论赛，学生们在校园里议论的都是赛题。

体育节的主要展现形式是模拟运动会。体育节为期一个月，最后两天是学校运动会。学生在校三年，三个运动会不重样，或模拟奥林匹克运动会，或模拟亚洲运动会，或模拟民族运动会，或畅想华夏运动会，实现了"体育搭台，文化唱戏"的目标。

跳蚤市场和文艺汇演是艺术节的两个标志性活动。文艺汇演汇集了艺术节各个项目中的精品项目，每年都是在新年举办，既作为艺术节项目的成果展示，又成为学生最期待的庆元旦联欢会。

孩子们数着、盼着……盼来节日课程，那是他们最放松的时候。因为孩子们很放松，整个校园都沸腾起来。

这才是孩子们应有的校园生活！

六个月份，六大节日。每个节日历时一个月，学生全员参与，每个学生选择自己喜欢的项目参加。

因为是自己喜欢的，所以，他们在节日课程中拥有了快乐，收获了成功，提升了素养，获得了自信。

社团每周都要举办活动，孩子们希望有一个平台展示他们的成果。于是，六月份的第一周，又有一个新节日——"社团节"诞生了。

不断"生长"的节日，给孩子们带来了无限的快乐。

有特色的才是校本的

课程是学校服务于学生的产品，是学生精神成长的营养，是学校的特色和品味的集中体现。学校有什么样的课程，才能培养什么样的学生。

中小学校在全面落实国家课程方案、完成国家统一培养目标的前提下，应该基于自身的发展历史和社会需求，确立自己独特的培养目标，使自己培养的学生具备一些与众不同的特质。

有了这样的认识，我们建设校本课程的切入点就找到了。从学校的角度看，我们要寻找独特的育人目标。从课程的角度看，我们要进行顶层设计。

广文中学要培养什么样的学生？我们从过去、现在、未来中寻找答案。

百年广文给我们留下了宝贵的精神财富。广文中学有 130 年的发展历史。在百年历史长河中，从广文中学走出了九三学社创始人张雪岩，革命家陈少敏、科学家秦馨菱、吴金鼎、刘先志，知名学者田仲济、丁伟志，艺术家于希宁等数十位卓有成就的人物。奥运会冠军埃里克·利迪尔、诺贝尔奖获得者赛珍珠、美国驻华首任大使恒安石等国际知名人士，曾在这里工作、生活或者关押过，他们发生在广文的故事体现着"大家"的风采。

百年广文有着深厚的历史文化底蕴。广文从建立开始，学段、学制不断更迭；男校、女校，小学、完中，中学、大学都举办过；但在各个历史时期，它一直在传承和发扬中国优秀传统文化，如"知行合一"、"学贵实践"等。校史馆里留下来的各类学生社团、各种课程设计，让我们看到了广文对中国优秀文化传承的脉络。

百年广文更有着重视学生实践的传统。在各个办学阶段，学校不仅配备先进的实验场所和实验设备，而且注重让学生走向生活、走向实践，注重培养学生的动手操作和实践能力。

广文百年的积淀要继承，新广文更有新的使命要担当。

广文中学是一所完全按学区就近招生的初中学校，学生的基础参差不齐。从这样的基础出发，我们紧扣素质教育的核心，永远追求科学精神、创新能力。

《国家中长期教育改革和发展规划纲要（2010—2020年）》颁布实施后，提高质量成为我们的核心任务。这里的"提高质量"，不是提高学业成绩，而是提高教育质量，"促进人的全面发展"、"适应社会需要"是其重要内涵。

社会需要怎样的人才？《未来在等待的人才》中提出了六个观点，这值得我们借鉴：不只有功能，还重设计；不只有论点，还说故事；不只谈专业，还需整合；不只讲逻辑，还给关怀；不只能正经，还会玩乐；不只顾赚钱，还重意义。

从每个学生的未来发展来看，在"世界是平的"的今天，我们要培养学生的"国际视野"。这不仅是必需的，而且条件完全成熟了。另外，要关注广文学子的"中国灵魂"，培育其"人文底蕴"。

于是，从广文百年的历史积淀、落实《纲要》规划的现实需要、学生未来发展的需求三个角度，我们确立了"大家风范、人文底蕴、科学精神、国际视野"的独特培养目标。

确立了培养目标，就要规划特色课程体系。与培养目标相呼应，我们构建起由"大家"系列、文化系列、实践与探究系列三大系列，16个课程门类，若干个课程模块组成的特色课程体系。

推出"大家"系列课程旨在通过"大家人物"介绍、"大家作品"推介等，让学生走近"大家"，了解"大家"，感悟"大家"，感知、了解"大家"的追求、境界、精神和品质，通过"大家人物"的成长经历，通过"大家作品"的形成过程，汲取成长的力量。"大家"课程内容宽泛，鲁迅是"大家"，《红楼梦》是"大家"，杭州湾跨海大桥也是"大家"。我们要用已有的"大家"培育未来的"大家"。

"大家"系列课程由广文"大家"课程、中国"大家"课程、世界"大家"课程三个系列构成。以时间为经线，分古代、现代和当代；以领域为纬线，分思想家、文学家、艺术家、科学家、政治家、军事家、行业精英、"大家作品"八大类。在编写体例上，突出人物事迹或作品介绍，即简要叙述各位"大家"一生的重要事迹，或者其作品、贡献等，再插入相关的各类图片，每位"大家"介绍之后附录其生平年谱和相关阅读书目，提供相应的音频、视频及网络资源，让学生立体全面地认识每位"大家"的人生轨迹，从中受到启迪。

"文化"系列课程的目标在于用沉淀的"文化"生成学生自己的文化。我们开发出的"文化"系列课程内容是最多的。以历史为例，历史与文学、历史与史学、历史与建筑、历史与服装、历史与饮食、历史与宗教、历史与体育……老师们可以从各个维度开发。而且，课程内容与学科内容紧密相连。比如，初一年级的"历史与建筑"，介绍了都江堰、赵州桥、长城、故宫、巴黎圣母院、麦加清真寺、罗马竞技场等各学科学习中涉及的建筑，学生的学习兴趣高涨，进一步探寻的欲望强烈。

在"文化"系列课程中，我们确定"《广文背诵四百篇》阅读"为所有学生的必修课程。语文老师从若干文化典籍中选取精品文章，包括文言文 100 篇、古诗文 200 篇、现代范文 100 篇，这些内容要求每个广文学子在三年内学习完成。它们可以让中华传统文化的精髓慢慢流入学生心田，让世界现代文明的营养不断强壮学生的精神，使学生在反复吟诵中培育气质、提高修养、提升人生的境界、丰富生活的体验。此外，"广文学子必读书目"也是学生必修内容之一。

"实践与探究"系列课程的目标是培养学生的创新意识和能力。其中有必修课程，如"课前演讲 10 分钟"、"小课题研究"、"地方课程"；也有基于学生兴趣的选修课程，如初二年级的"生活中的化学"、"物理小常识"等，旨在培养学生的动手实践能力。平时，学校开放实验室、阅览室，老师带领学生走出校门，参与社会实践等。在选修课程中学生们不仅提升了动手实践能力，而且培养了责任意识。

让学校课程走向"特色"，这是学校构建课程体系的难点。这个难点，决定了整个课程体系的品位，决定了学校特色的形成。我们在调研中发现，96.8% 的学生喜欢这些课程，他们在"大家"的熏陶中、在"文化"的浸染中、在"实践与探究"中，幸福快乐地成长着。

第四辑

改造课堂

GAIZAO KETANG

老师们与我"捉迷藏"

2006年，就任广文中学校长后，我时常走进课堂去听课。

此时的课堂，是改革以后的新课堂，也就是潍坊市教育局率先在初中学校推行的"自主互助学习型课堂"。

从2004年开始，潍坊市教育局选取原潍坊一中、二中的初中部以及部分市区初中学校，进行"自主互助学习型课堂"的改革实验。自主，即教师要放权给学生；互助，即学习上你帮我助；学习型，即从教师讲授走向学生学习。"自主互助学习型课堂"改革实验，从调整课堂教学关系、改变课堂教学结构入手，变"先教后学"为"先学后教"，最大限度地激发学生的学习能力。其基本教学流程是"明确目标，自主学习—小组合作，解决问题—全班展示，反馈矫正—当堂训练，巩固落实"。

一般地，课堂教学先从学生自主预习开始。教师出示课堂学习目标，提出要求；学生根据自己的实际情况预习。"自主预习"会使每一名学生根据自己的需求获取知识，并提出自己解决不了的问题。

对预习中遇到的问题，学生怎么处理？请教同伴。每个班级设立若干个学习小组，一般采用"2—4—8—n"的方式，即先是同桌互相讨论，再有问题在四人小组中讨论，还有问题由八人大组解决，最后的问题全班同学一起来研究。这种方式可以解决每个学生的问题，使学习效能大大提高。

在自主学习的基础上，学生以小组为单位展示学习成果，分享学习收获，质疑问难，反馈矫正。教师在学生展示时穿插进行精讲点拨，重点解决易错点、易漏点、易混点，以保证本节课重难点问题得到解决。最后，教师对学生进行当堂检测，反馈学习效果。

在这样的课堂上，"问题由学生自己去发现解决，规律由学生自己去探索应用，概念由学生自己去概括提炼，文本由学生自己去解读体悟，实验由学生自己去设计操作，作业由学生自己去布置选择"。通过小组内外的"学生问学生、学生教学生、学生帮学生、学生检查学生、学生影响学生、学生引领学生"，课堂教学彻底改变了过去教师一人问、学生一人答的状况，学生在课堂上"以学为主"，学习效率得到提高。

对这样的课堂，老师应该加以认同并主动实施。

广文中学成立的时候，老师们已经参与课程改革一年了。

这次，我走进了初二（1）班听一节生物课。

教室内，学生的座位不是插秧式排列，而是四人一组相围。这样的方式，能够保证孩子们在课堂上积极参与。老师指挥学生翻开书，给出了这节课的学习目标，学生开始自学；之后，各小组热烈讨论；在展示环节，学生的回答异常顺畅，没有一点儿问题。这似乎应该被看成是一节"自主互助学习型课堂"的成功范例。

可是，在参与小组讨论时，我发现，学生们的课本上早已记得密密麻麻了。

难道他们学过？

再到其他几个小组一一看过，情况大致相同。

他们一定是学过了，今天是有意"表演"给校长看的。

为什么会这样？

离开这间教室，我又到其他教室去听课。本来，老师还在讲台上大讲特讲，看到校长来了，非常漂亮地安排起小组讨论来。学生也真配合，立即投入热火朝天的讨论中。

再到一间教室，还是这样。

原来，老师们与我玩起了"捉迷藏"。

下课后，我走近几个相知的老师详细了解情况，他们的回答惊人地一致："谁知道新课堂会怎样？我们拿不准！但知道过去多年的老办法管用。"

看来，我得用事实说服老师们。

学生喜欢什么样的课堂

课堂是学生的。只有学生喜欢，课堂上才可能有高效的学习。一个学生不喜欢的课堂，不可能让学生产生愉悦的心情。没有愉悦的心情，学生怎能积极投入其中，怎会有高质量的学习？学习的主体是学生，教师"教学成绩的高低"要通过学生来体现，因此，改革课堂必须倾听学生的声音。

学生喜欢什么样的课堂？我们面向本校学生开展调研："你喜欢什么样的课堂？请把这样的课堂要素写下来，从最重要的开始，不少于十条。"

我们汇总调研结果后发现，以下要素被学生排在了前十位。

1. 开放式课堂。课堂上师生互动，生生互动。

2. 实践体验类课堂。如实践课、实验课、活动课、角色体验课、实践调查等。

3. 联系学生生活实际的课堂。从课本知识延伸到学生的实际生活，拓展课外知识。

4. 生动有趣的课堂。老师语言幽默，课堂气氛好，能激发学生自主学习。

5. 师生关系融洽的课堂。师生相互尊重，能建立朋友式的关系。

6. 作业适量的课堂。老师不布置机械性、惩罚性作业，不过量布置作业。

7. 不拖堂的课堂。老师能够合理安排上课的时间和内容，节奏快，条理性强。

8. 利用多媒体教学的课堂。多媒体教学生动形象。

9. 老师备课充分的课堂。课堂流畅，重难点突出，学习高效。

10. 学生参与面广的课堂。教师平等对待每一位学生，学生参与率高。

孩子们期盼的课堂与新课程倡导的自主、合作、探究的学习方式和"自主互助学习型课堂"竟然一致。这下老师们终于明白了，课程改革不单单是上级的要求，更是学生的愿望。

调研结果的公布成为对老师最好的教育。老师们开始尝试着真正走进新课堂。

然而，过去"教师讲、学生听"的课堂，影响依然深重，老师们不习惯改变，更重要的是不放心。因此，不用事实说话，还不足以彻底改变老师们的观念。于是利用数学教研活动时间，我们走进了张老师的课堂。

张老师是我校的骨干教师，他执教的班级教学质量连年位居学校甚至市区首位。这一次，他上的是习题课。

在第一个班级，他用传统的讲授方式授课，四道证明题，他一一讲来，讲得汗流浃背，学生们只是在听。张老师每讲完一道题，都会问"听明白了吗"，得到的都是"明白了"的应答。我细心地观察了一下，全班56个学生，只有10个左右间或动笔，其他学生只是听听而已。

下课后，我们学生进行原题测试，结果正确率为56%。

张老师很吃惊："真的是这样吗？难道传统教学方法的效能只是这样？也就是说，学生的好成绩是用作业练出来的？看来真的需要改变了。"

在第二个班级，张老师尝试用新的教学方式授课。还是这四道题，他安排学生做题、讨论、展示，自己则在课堂上巡视以发现问题，并针对问题进行讲解、拓展。我看到所有学生整堂课都非常忙碌，先是做第1、2题，接着小组内交流做法，优秀小组到黑板上展示自己的正确答案；紧接着，稍微有些难度的第3、4题，也被每个小组攻克下来。课堂上老师大都在学生中间，讲台基本上被学生占用着。

课后也对学生进行了反馈测试，正确率为82%。

于是张老师信服了，参与教研活动的老师们也信服了。

从此，"自主互助学习型课堂"走进了数学学科，继而走进了每个学科、每间教室。在 2007 年进行的"学生幸福感的重要来源"调查中，"自主互助学习型课堂"被排在第七位，"课堂"第一次成为居于前十位的学生幸福感的重要来源。

学生喜欢的课未必是好课

2007 年 3 月，广文中学举行首届"课堂教学工作研讨月"活动，课堂教学大赛是其中的重头戏。新入职教师汇报课、青年教师展示课、成熟教师示范课，42 节课展现着广文中学教师在课堂上的风采。

对课堂教学我们采取了多维度立体评价的方式，包括专家组对教学过程的评价、学生满意度评价、目标达成度、自我反思等。

在青年教师展示课中，学生对 13 号教师的满意度最高，达到 100%。专家组对其也给予了高度评价，她虽位列第三，但与第一、二名相差无几。她的课堂基本上按照"自主互助学习型课堂"的流程设计，提问环节多，师生、生生互动不断，课堂气氛异常活跃。但在第二天进行的达标检测中，13 号教师的达标率却是 13 个青年教师中最低的（见图 1）。

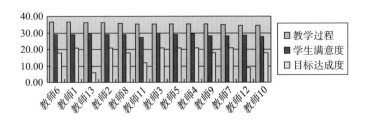

图 1 "青年教师展示课"数据分析图

其他课也不同程度地存在着教学过程分数高、学生满意度高但检测达标率不高的现象。

为什么学生喜欢的课堂，却没有收到好的成效？

于是，我们再一次走进 13 号教师的课堂，寻找高评价低成效背后的原因。

这节课的内容是"免疫与健康"第一课时。本节课的学习目标是：识图，说出非特异性免疫与特异性免疫的特点及区别，说出特异性免疫的获得方式及特性，概述人体的三道防线，举例说明计划免疫的特点。

老师设计了以下 18 个问题。

（1）何为病原体？

（2）何为抗原？

（3）何为抗体？

（4）什么是免疫？

（5）什么是免疫细胞？

（6）什么是免疫器官？

（7）何为非特异性免疫？

（8）什么是特异性免疫？

（9）什么叫计划免疫？

（10）计划免疫有什么特点？

（11）人体免疫的三道防线是什么？

（12）人生活的环境中有许多病菌，为什么人不一定得病？

（13）为什么烧伤后的皮肤比完整的皮肤更容易感染？这是人体的第几道防线的作用？

（14）我们经常看见野生动物受伤后，会不断地用舌头舔舐自己的伤口，原因是什么？这种行为属于人体的第几道防线？

（15）在人体内注射甲型 H1N1 流感疫苗后，人体会产生抗体并具有免疫力，这种免疫是怎么完成的？

（16）感染过天花的人康复后不会再次感染此病毒，但还可能被其他病毒感染，你能说出其中的免疫学原理吗？

（17）从免疫学角度分析，你认为预防传染病大面积流行的最好方法是什么？

（18）如何才能提高人体的免疫力，使我们更加健康地生活？

老师提出问题后，学生开始自主学习。然后，采用小组抢答的方式展示学习效果。哪个小组抢到题目并回答正确，就加分。孩子们争先恐后，抢到题目的就照着书念一遍，因为绝大部分题目都能从书上找到标准答案。而没有抢到题目的同学，就心不在焉了。

课堂气氛非常活跃，简直达到了热烈的程度。

当进行到第 15 题的时候，离下课还有 3 分钟时间，老师匆匆忙忙地自己作答，算是完成了这节课的教学任务。

在学生中调研时，他们大都表示喜欢这节课。可课后检测达标率很低。

一节学生喜欢的课堂，为什么达标率不高呢？

要衡量一节课质量的高低，首先要看其思维含量，即多少学生的思维能力在这节课上得到了发展。而学生思维发展的媒介在哪里？苏格拉底说："优秀教学的本质，在于教师组织恰当的问题。"而恰当的问题，就是"在教师的教和学生的学之间拉起纽带，应该教的东西不能教，将其转化为学生想学的契机，这才是发问的本质"。而这节课，"假问题"太多！18 个问题，至少 1—11 题都不能称为问题，而是"陈述性知识"，从教材上都可以找到标准答案，学生熟记或者了解即可，无须讨论，无须质疑。课堂上的活跃是外在的，学生的回答甚至没有经过大脑。只有真问题，才能够推动学生思考，活跃学生的思维。

"假问题"太多，致使后面的"真问题"没有时间解决，课堂效能也就可想而知了。

因此，我们进行课堂改革不能只注重形式，更应把握其内涵。

理想课堂 = 高效 + 愉悦

"金字塔是谁建造的?" "奴隶。" 我们从来都不怀疑这个答案。可1560 年，当塔·布克游历金字塔之后，提出了质疑："金字塔的建造者，不会是奴隶，而应该是一批欢快的自由人!" 埃及最高文物委员会于 2003 年宣布："通过对吉萨附近 600 处墓葬的发掘考证，发现金字塔的确是由当地具有自由身份的农民和手工业者建造的，而不是希罗多德在《历史》中所记载的由 30 万奴隶所建造的。"

塔·布克是瑞士有名的钟表匠，因宗教问题被捕入狱，入狱后监狱方安排他制作钟表。令他百思不得其解的是，无论如何努力，他都不能制作出日误差低于 1/10 秒的钟表来，要知道入狱前他制作的钟表日误差不会超过 1/100 秒。于是塔·布克在日记中写道："一个钟表匠在不满和愤懑中，要想圆满完成制作钟表的 1200 道工序，是不可能的;在对抗和憎恨中，要想精确地磨锉出一块钟表所需要的 254 个零件，更是比登天还难。建造金字塔这么大的工程，设计得那么精细，各个环节衔接得天衣无缝，建造者必定是一批怀有虔诚之心的自由人。"

理想课堂一定是高效的，理想课堂更应该是愉悦的。

在 "你喜欢什么样的课堂" 的调研中，全校约 5000 名学生给出的答案，位居前十位的几乎都和愉悦有关，如师生、生生互动，课堂气氛活跃;教师讲课生动有趣;学生参与面广。课堂教学是学生知识提升和生命成长合二为一的过程，一节课只有当堂达标，才能最大限度地实现知识、能力、情感的内化;学生只有对这节课满意程度高，才有较强的安全感和愉悦感，才能生成较大的创造力。高效可以确保学生的知识提升，愉悦可以实现他们的生命成长。高效、愉悦应该成为"自主互助学习型课堂"的内在价值，应该成为我们追求的目标。

可数据告诉我们，我们离这样的目标还有一定的距离。

对参与首届"课堂教学工作研讨月"活动的教师，我们按新入职教师、青年教师、成熟教师三个类别分别进行课堂跟踪，全面记录专家组对教学过程的评价、学生满意度测评、达标检测等若干数据。在对这些数据进行分析对比后，我们发现，现在的课堂离高效的目标还有一定的距离，愉悦但不高效的现象出现在不少课堂上（见图2）。

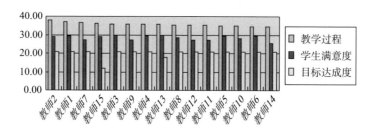

图2　"成熟教师示范课"数据分析图

对图2中的"教师15"，学生的满意度接近100%，专家组对其教学过程的评价也位居前列，但学生的课堂达标率只有54%。相同的情况在"新入职教师汇报课"中出现得更多。对三类教师进行横向比较（见图3）发现：新入职教师目标达成度的平均值低于成熟教师，与青年教师也有一定的距离。

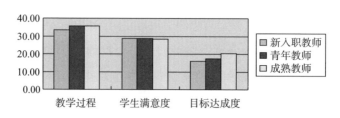

图3　三类教师、三种评价横向比较图

横向比较后我们还发现了其他问题。如学生对课堂的满意度普遍较高，相比较而言，他们更认可新入职教师和青年教师。因为新入职教师充满青春活力，能够给他们带来愉悦感。

再如，专家组对教学过程进行评价时更认可成熟教师和青年教师。因为执教十年以上的教师，有很好的课堂驾驭能力，对重难点把握得当，教学环节流畅，因而达标率也相对较高。

如果把新入职教师和青年教师的愉悦课堂的要素提取出来，将之与成熟教师的高效教学方法相结合，那么一定能促使课堂更愉悦、更高效。

那么，这些要素有哪些，在哪里？

寻找"高效愉悦课堂"的关键要素

"高效愉悦"的理想课堂是怎样的？它具有哪些特征？通过不断追问，我们寻找到了"高效愉悦课堂"的关键要素。

"你认为，一节高效的课堂要素有哪些？请从最重要的开始写。""一节不高效的课堂要素又有哪些？也请写下来。"

我们的调研分别面向教师、学生，分为高效、愉悦两个层面，从正向、反向两个角度进行。

第一步，提取要素。我们选取 50 名教师、200 名学生，分别调研高效课堂、不高效课堂，愉悦课堂、不愉悦课堂的要素。师生均进行开放式回答，我们分类汇总调研结果，生成八个维度的主要要素，包括教师（学生）高效课堂要素、教师（学生）不高效课堂要素、教师（学生）愉悦课堂要素、教师（学生）不愉悦课堂要素。

第二步，进行问卷调查。我们将八个维度的主要要素下发给全校师生进行问卷调查："你认可其中哪些要素？"然后对结果进行统计，形成对各个要素的关注度。

第三步，交叉调研。对调查问卷统计后发现，教师、学生对相同内容的关注度差异较大。于是我们又进行了交叉调研，即让学生对"教师高效课堂要素"、"教师不高效课堂要素"、"教师愉悦课堂要素"、"教师不愉悦课堂要素"等赋予关注度，教师则相反。

八个维度几百个数据准确地告诉我们，要建设"高效愉悦"的理想课堂，应该关注以下四个关键要素。

第一，要关注教学内容。在八个维度的问卷调查中，教师、学生对教学内容的关注普遍位于前三位，在交叉调研中也出现了相同的情况。我们在对教师进行的"愉悦课堂要素"调研中，91%的教师、87%的学生将"学生对学习内容感兴趣"排在了第二位；61%的教师、58%的学生把"学生对学习内容不感兴趣"列为"不愉悦课堂"的第三位要素；65%的学生、65%的教师认为，学习内容也是"高效课堂"的关键要素。

第二，要关注师生配合。课堂教学离不开师生配合，理想的课堂是师生有效配合的课堂。在"教师愉悦课堂要素"调研中，教师对"师生配合"的关注度最高，为97%；在交叉调研中，学生对此同样有较高的关注度，为85%。在"学生高效课堂要素"、"教师不高效课堂要素"、"学生愉悦课堂要素"、"学生不愉悦课堂要素"调研中，教师、学生均提到了"师生配合"问题。值得我们深思的是，教师对"学生状态好，主动配合"提出了更高的要求，而学生对此的关注度远低于教师。

第三，要关注教学环节。在八个维度的问卷调查中，师生对教学环节的关注度都很高，尤其是教师。在"教师愉悦课堂"的关键要素调研中，教学环节被91%的老师认同，学生也给予其85%的关注度；"教学环节设计不合理"被学生认为是课堂不愉悦的第二位原因（见下表）。在对"高效课堂要素"的调研中，师生也把教学环节置于比较高的位次。

表1 "教师愉悦正向调研结果"以及对学生的交叉调研（关注度最高为10）

代号	关键要素	教师关注度	学生关注度
A	教学环节设计合理	9.1	8.5
B	师生配合默契	9.7	8.5
C	学生对教材内容感兴趣	9.1	8.7
D	教师精神饱满，情绪高涨	5.2	7.9
AB	学生参与度高，小组合作好	9.0	6.9
AC	教师设置的问题有价值，能引起学生思考、讨论	7.8	6.6
AD	教师课堂语言精练、风趣	4.6	7.2
ABC	教师导入新颖、恰当	4.6	7.5
ABD	学生预习充分	5.8	3.9
BC	教师指点到位	5.5	6.4
BD	师生关系好	5.6	6.5
BCD	教学活动设计符合学习内容和学生特点	7.8	6.3
CD	教师的课前准备到位	6.7	5.2

第四，要关注教学方法。教师的教学方法得到了学生的特别关注。学生认为，"教师教学方法多样，生动有趣"是"愉悦课堂"的第一要素、"高效课堂"的第三要素。在反向调研中，"教师的讲课方式单一，不新颖"成为"不愉悦课堂"、"不高效课堂"的重要原因。交叉调研显示出，虽然教师也关注教学方法，但其关注度明显低于学生的。

师生关注度差异大还表现在教师语言、课堂气氛、教师状态、学生状态上。比如，对于"教师精神饱满，情绪高涨"一项，教师的关注度只有5.2，而学生的关注度却高达7.9；对于"教师课堂语言精练、风趣"，教师的关注度只有4.6，学生却给予了7.2的关注度；而"学生参与度高，小组合作好"被教师高看，其关注度为9.0，学生对此却只给了6.9的关注度。似乎，教师更关注对学生的要求，而学生则更希望老师有最好的表现。

"教学案"变脸

在"高效愉悦课堂"的关键要素调研中，"教学环节"被师生高度关注。课堂中的教学环节如同企业中的工作流程，改善流程就能提高效益。

但前提是，必须有恰当的载体支撑流程的运转。

"高效愉悦课堂"本质上就是"自主互助学习型课堂"，其教学流程也是自主学习、小组合作、展示交流、精讲点拨等。要赋予课堂高效、愉悦的目标，我们就必须研究每个具体环节如何才能更有效地实施。

我们将"问题"反馈到老师那里，让他们进行研究、探索。

生物组老师率先行动，他们从改变教学设计开始，把过去教师"教"的设计完全变成学生"学"的设计，使教学设计从"教学案"走向"学生学习活动案"。

在"学生学习活动案"中，主体是学生，教学目标变成了学习目标，教师的教学过程变为学生的学习过程，而学生的学习行为由各种"学习活动"组成，包括阅读、讨论、展示、质疑、补充、练习等。

有了这样的教学设计，我们就必须对课堂重新进行定位：课堂是解决学生学习问题的地方。

"学生学习活动案"对学生的课前活动、课堂活动、课后活动统一设计，将之融为一体。课前预习，可以最大限度地暴露学生的学习问题；课堂活动，可以解决学生学习中遇到的问题；而课后的"精选练习、实践活动、我来补充和质疑"，则可以最大限度地帮助学生巩固、运用所学知识。

这样的教学设计，需要教师换位思考："假如我是学生，我该怎么办?"

假如我是学生，我需要积极的学习情绪。于是，"教师导入"不再是复习旧知、导入新课，而是"用与本课相关的俗语、谚语、故事、诗句等精彩的话语导入，时间不能超过两分钟"（我校地理教学规范之一）。假如我是学生，我需要按照思维状态递进式学习。于是，在自主学习的基础上再进行"小组讨论"就有意义。假如我是学生，我需要老师指导一些学习方法。于是，"学生学习活动案"里设计了"填写本堂课的知识结构"、"学习方法指导"等内容。

换位思考，只是习惯的改变。而对教师挑战最大的，是了解学生学习中的真问题。

这也成为教师备课的首要任务。

于是，教师不断地走近学生，通过交流、座谈、问卷调查的方式，把握学生学习的脉搏。

"我们以为已经完全了解了学生的问题，谁知道，他们又从另外的角度提出问题来。"每次见到生物老师赵爱霞时，她总是兴奋地这样说。在她看来，学生提的问题越多，"学生学习活动案"设计得就越有价值。

于是，共享问题、共享解决问题的方法，成为教师备课的另一个新任务。

于是，教师主导下的"学生学习活动案"，已经完全看不到教师教的作用。课堂上也是如此，自始至终都是学生在活动。教师也会"导入"，或者即时点拨讲解，但你会感到，那是在辅助学生学习，课堂一直被学生活动这条主线牵引着。

用这样一份"学生学习活动案"进行教学，教师似乎"无事可做"了。

实则不然。

教师是学生课堂学习活动的"主导"——主导"学生活动"的设计，主导"小组讨论"的实效，主导"展示交流"的精彩，主导"课堂气氛"的高涨，主导"检测反馈"的效果。发现学生情绪不高涨时，教师要设计活动，调节气氛；小组讨论时，教师要了解学生的学习状况，生物组规定"教师一节课必须参与到一半以上的小组讨论中"；展示交流时，教师要随时肯定、鼓励学生；教师还要随时在学习方法上指导学生，等等。这样，教师主导就完全融入以学生为主体的课堂中。

老师不讲，学生真的不会吗

课堂改革推进艰难最主要的原因，是老师不放心学生："我不讲，他能学会吗？"

一线教学干部经常围绕课堂改革如何推进开展头脑风暴。有几次，在剖析课改推进难的原因时，大家都认为有"老师担心自己不讲，学生不会"的因素，只是它的排序逐渐后移。

老师不讲，学生真的不会吗？

带着这个问题，我和几个教学干部走进了课堂。

第一天，我们走进初一（1）班，旁听了全部六节课。每一节课前，我们都把老师设计的达标检测题让学生做一遍，与老师上课后的达标检测进行对比。结果发现，各门学科学生在预习时就能学会不少知识。

数学，课前达标率为78.08%，课后达标率为95%。

语文，课前达标率为63%，课后达标率为92.5%。

英语，课前达标率为66.07%，课后达标率为88.57%。

思品，课前达标率为62.73%，课后达标率为90.91%。

地理，课前达标率为64.62%，课后达标率为97.31%。

生物，课前达标率为53%，课后达标率为73.5%。

第二天，我们听了初二（1）班一天的课，再用同样的办法进行对比，结果如下。

语文，课前达标率为 87.13%，课后达标率为 97.33%。

物理，课前达标率为 51.6%，课后达标率为 99.2%。

数学，课前达标率为 38.64%，课后达标率为 99.56%。

英语，课前达标率为 46.8%，课后达标率为 87.2%。

历史，课前达标率为 83.06%，课后达标率为 97.33%。

地理，课前达标率为 84.33%，课后达标率为 97.33%。

这些研究告诉我们，因为有原有知识和生活经验帮助学生理解新知识，学生自主学习是能够获得大量知识的。而且，年级越高，文科越适合自主学习。

至于那些对某学科感兴趣的同学，其自学能力不可估量。初二年级穆昊同学在物理课前检测中就获得了 44 分（满分 50 分）。

老师们对此纷纷进行验证。

在数据面前，学生的自主学习得到了老师们的广泛认可。

课堂教学最重要的，不是如何把内容灌输完，而是要研究学生已经会了多少，哪些还不会，哪些问题需要得到老师的帮助。

但现实正好相反。

当然，课改推进艰难还有其他原因，位居前列的有：教师过分关注教学任务的完成，忽视学生的学习状态；为了便于管理，教师过分关注课堂秩序；教师设计的问题难度太大，拔得太高；教师的育人意识不强，课堂上只见知识不见育人。

这让我想起了评课时授课老师常常自责的一句话："我没有完成教学任务。"

"没有完成教学任务"，是因为老师把课堂当成了自己的舞台，从自己的角度看待一节课的得失。而本质上，课堂应该是学生的，教师只是帮助学生成长的支持者。

要改变教师，必须先转变他们的理念。

仅有理念转变还不够，还要改变学校相应的制度。因为教师生活在制度中，而非理念里。

于是，我们改变了教师考核制度。把过去三个维度评价（过程评价、结果评价、发展评价）中的结果评价，分解为教学质量、育人质量两个部分，二者分数相当。

我们还改变了课堂评价标准。从过去只注重过程评价和达标情况，改为"三个维度五个部分"的评价标准。三个维度包括：教学过程80分，达标10分，课后反思10分。将教学过程从过去的只注重教师的表现，分解为如今的"三个组成"：基本课堂流程、学科特色、课型特色40分，学生活动20分，教师活动20分。

评价就是一个指挥棒，评价改变了，老师们就转向了。

让问题之球在学生手上传递

俗话说，懒婆娘养个勤快女。

我有一个朋友，孩子小的时候，她是个挺勤快的母亲。每次到她家，不用看别的，只看厨房就知道她是怎么持家的。但孩子大了以后，她变得越来越"懒"了，孩子的衣服自己洗，周六、周日的早餐孩子做。她还时常在孩子面前哼哼唧唧的，说自己这里疼那里痒。后来，孩子上初中住校，成为最适应住校生活的学生之一。

在课堂教学中，教师要勤在暗处，懒在明处。

有一次，我听一节数学习题讲评课。老师下发试卷后，各小组从第一大题开始讨论。第一大题是选择题，共10道。小组讨论解决不了的，到黑板上相应题号处做一标注，由其他小组帮助解决。都解决不了的，由老师解决。小组讨论后，剩下了第八题。

刘雅琴老师知道，在批阅习题的时候，这道题只有一个学生做对了。

我想，刘老师该出手了吧？

没想到，即使只有一个学生会，她还是"懒"了一下，让这个学生上台讲解。学生讲着讲着讲不下去了，他的思维出现了片刻的混乱。刘老师走上讲台，一句话都没说，只是在他思维混乱的地方画了两个等底等高的三角形。原来，第八题需要运用"等底等高的三角形面积相等"这一原理，这下，这个学生思路变得清晰了，又很流畅地讲了起来。

我曾听过江苏溧水东庐中学史正红老师的一节化学课，印象最深的就是史老师永不出手。史老师采用讲学稿授课，内容是"金刚石、石墨和C_{60}"。各组学生围绕展示的内容讨论后，依序回答问题。第三个问题是一个小组的 4 号同学回答的，史老师对他给予充分肯定，没想到，有同学举手质疑。

这是一道填空题："石墨变成金刚石是（　　）变化。" 4 号同学回答："化学变化。"质疑的学生说："应该是物理变化，因为它们的原子构成没有改变。"老师请 4 号同学"维权"，或自己回答，或请同组同学协助，或请高手帮忙。4 号同学先请本组组长协助，又请化学课代表帮忙，可质疑的同学仍表示不能接受。此时，4 号同学眼睛看着老师，他希望老师帮他讲解。

史老师依然没有出手相助，但他开始了启发、引导。

史老师设置了一个情境：假定"组长"手里有一块大的石墨（老师把黑板擦递给她，代表石墨），"质疑者"手里有一枚钻石戒指（老师递给她一个粉笔头，假定是钻石）。老师问："你们换吗？"学生回答："不换。"老师又问："为什么？"学生回答："钻石太昂贵了。"老师又问："都是碳元素形成的单质，为什么价值不一样？这说明了什么？"学生领悟到：它们碳原子的排列方式不同，属于两种物质，石墨变成金刚石是化学变化。

课堂上常常出现这样的场景，但不同的老师处理方式是不一样的。我曾听过一节历史课，老师设计了 13 个提问环节，在两个主要问题上因为学生的回答有些迟疑，老师就以"我来替你说"代替学生，让学生失去了宝贵的思考机会。

老师在课堂中的作用，应是推动问题在学生手中解决——没有问题时提出问题，有了问题时引导启发，解决问题时支持帮助。课堂上教师适度的"懒"，能够促成学生的"勤"，这样，学生的自主学习、勤于思考、合作探究、展示分享才能展开，由此才能换来学生各方面能力的提升。

当学生的能力提升时，他们会更喜欢自己探索，更喜欢听同伴讲。

为什么？因为"每个同学讲的方式不一样，我们会有更多的收获"，因为"不同的同学有不同的方法、不同的维度"，因为"同学讲，让我更有学习的动力"，因为"同学讲得更有趣，使我更入迷"。

这些都是学生的声音。

慢慢地，广文课堂开始形成自己的文化：学生能做的，教师不能替代；让问题之球始终在学生手上传递。

高效课堂需要小组合作最优化

在首届"课堂教学工作研讨月"课堂展示类活动中，广文中学各学科教师一共展示了42节课。除极个别教师外，绝大部分教师在课堂上采用了小组合作的方式。学生间的合作学习是新课程倡导的学习方式，小组合作是建设"自主互助学习型课堂"的必然要求。在我们组织的"我喜欢的理想课堂"调研中，学生把师生互动多、生生互动多的开放课堂排在了第一位。因为在互动中能实现相互分享、相互启发，相互质询、相互展示，相互激励、相互交锋，最终实现相互帮助、共同发展。

在所有采用小组合作方式的课堂上，小组互动交流成为一个亮点。在对这些课堂进行的当堂达标检测中，凡小组合作运行自如、规范有序、高效的课堂，达标率就高；虽有小组合作但尚待完善的课堂，以及未采用小组合作方式的课堂，达标率相对较低。因此，进一步加强小组合作建设，更深入地研究小组合作运行的问题，构建最优化的小组合作方式，应是每一位老师深入探索的问题。这42节课告诉我们，小组合作应该在以下几个方面实现最优化。

第一，组合最优化。实践证明，以4人作为小组构成的基本单位为最佳，这样，不仅每个学生能得到最大限度的展示，还可以根据需要扩至8人小组，或分成2人小组。对于文科需要背记、检查的知识，采用2人小组合作效能最大；而对于理科中需要探讨的问题，有时就需要8人小组合作。

由哪些人组成4人小组，需要老师们下功夫。过去，班级的座次是按照学生高矮进行的"插秧式"排列，而学习小组需要将学习、性格、学科优势各异的同学组合在一起。一般我们的操作办法是，先根据学生的考试成绩做初步划分，然后根据学生的性别、性格、学科优势等进行微调。比如，56人的班级要分成14个小组，根据班内名次采用S型方式组合，1—14名为1号组长，28—15名为2号组长，29—42名为3号组员，56—43名为4号组员。在组内的座位安排上，1号与4号同位，2号与3号同位，结成一帮一对子。考虑到课堂讨论有时需要8人小组，组间的座次安排需要均衡搭配，比如第1组和第14组相邻，第2组和第13组相邻，而且两个1号、两个2号邻座。如果小组合作已经成为课堂的主旋律，那么那种面向黑板的座位排列方式也需要改变，可以采用学生面向教室的侧面、四个组员两两相对的"方阵式"，便于学生在老师讲解的时候听讲。

第二，分工最优化。4人小组建起来后，老师需要明确小组分工。在首届"课堂教学工作研讨月"的42节大赛课堂上，绝大部分时候是小组长回答问题，4号组员甚至没有发言机会。而采用小组合作方式的要义之一是"不让一个孩子游离于课堂教学之外"，只有明确分工才能保证全员参与。可以采用任务混杂的分工方式。比如，设一名固定小组长，全面负责组内各项工作，其他同学根据自己的情况担任语文、数学、英语等学科组长和卫生、纪律、作业、宣传等常规组长，同时兼任记录员、检查员、汇报员等。能力强的学生可以兼任几项。不管是担任一项还是兼任几项，都需要职责明确，各负其责。

固定小组长是小组的领军人物，关乎小组的凝聚力、学习效率、小组表现等诸多问题。因此，班主任老师要经常对小组长进行培训，组织他们制定规章制度，举行"小组长沙龙"活动，评选小组内部管理"金点子"案例等，不断提高他们的组织管理能力。

第三，规则最优化。"没有规矩，不成方圆。"小组合作的高效，离不开小组的规则和制度建设。比如职务轮换制，学科组长、常规组长可以每周轮换一次，推磨式进行。比如学习规范制，自学的时候，要独立学习，不能打扰别人；交流的时候，每个人都要发言；发言的时候，其他组员要注意倾听；展示的时候，组内同学要相互补充。比如一帮一结对制，学生结成强弱搭配的一帮一学习对子，互相帮助。比如小组交流规范制，不仅讨论对错问题，而且讨论为什么会出错，并找到错题背后的原因等。对于强势学生，还需要有制度限制他一节课回答问题的次数；而对于弱势学生，则需要规定其回答问题的最少次数。

小组文化建设也需要老师们付出努力，因为积极的文化可以促使小组成员形成共同的价值追求，培养他们的认同感和归属感。一般来讲，每个小组都要有奋斗目标，比如周目标、期中目标，都要有自己的组训（口号），都要有组徽，并建设自己的文化区，展示小组发展成果。还可以建立优秀小组、优秀小组长、优秀组员评选制度，用制度引领学生建设小组，热爱小组。

第四，评价最优化。我们的课堂教学采用小组合作的方式后，如果不跟进对评价的改革，合作的效果就会大打折扣。之所以出现不同班级小组合作效果不一样的状况，在很大程度上是因为评价不一样。在有些课堂上，一个同学的表现不再代表个人，而是代表小组，同学们的合作意识特别强；而在另外一些课堂上，虽然也有小组，也采用合作的方式，但学生回答问题时仍是"我认为"，而不是"我们小组认为"，老师的评价也是"你回答得很好"，而不是"你们小组回答得很好"，这样的"合作"只能叫"小组讨论"，而非"小组合作"。真正的小组合作必须建立基于小组的评价制度，评价的对象不再只是学生个体，而是小组；学生个体的荣耀不再是个人的，而是整个集体的；学生个体的成败也影响到整个集体。这样，当某个学生未完成作业的时候，催交作业的就不再是老师，而是他的组长；当某个学生未做对题目的时候，不厌其烦给他讲解的也不再是老师，而是他的同伴。学习与发展不再是个人的事情，而是整个小组的事情，只有这样，整个小组才可能一起发展，共同进步。

课堂教学流程效益网格图

要提高课堂教学效能，就要研究和分析教师的教学流程，这是长久以来我一直在思考的事情。

教学中也有不少案例触发了我对教学流程的关注。

一次期中考试，有位老师的教学成绩差得出人意料，这是一位深得学生喜爱的老师，其教学成绩却居本年级本学科最末。从来没有人怀疑过她的教学，因为她对自己的学科深有研究，对学科教学很有把握；更没有人怀疑过她的课堂管理，因为她的课堂管理经验丰富，而且她幽默、风趣；她还是一位关心学生、尊重学生的好老师。凡听过她讲课的人，都会被她的语言所感染。但为什么学生的成绩不突出呢？于是我们走进她的课堂，发现她特别善于讲，讲的时间一多，学生自主学习和实践的时间就很有限，当堂落实就没了踪影，课堂效能就难免大大降低。

美国管理学家罗伯特·布莱克和简·穆顿提出的管理方格理论成为行为学派的经典管理理论，不仅用于营销过程与营销行为的管理，而且常常用在企业的战略管理上。其设计的管理网格图中的横坐标表示对事物的关心程度，纵坐标表示对人的关心程度。

参照这一管理网格图，并借鉴美国学者关于不同学习方式产生不同学习效能的研究结论（即一个人采用不同的学习方式，会有不同的效能，他能记住读的 10% 、听的 20% 、看的 30% 、说的 70% 、做的 90% ），我们设计制作了课堂教学流程效益网格图（见图4）。将学习效能作为网格图的横坐标，将教学流程也就是学生的学习方式作为纵坐标。这样，每个环节乃至一节课理论上的效能高低（以下称为"理论效能"，计算办法为每个教学流程的"有效时间"乘以"参与率"，再乘以不同学习方式的效能比例，然后将各个流程的效能相加，即为这节课的理论效能。如某个教学流程学生的学习方式为"听"，假如参与率为52/56，有效时间为 5 分钟，听的效能比例为20% ，则听的效能为 $52/56 \times 5 \times 20\%$ 。一般情况下，如果班级人数相同，为计算方便，可以直接用"参与人数"计算并做比较），就在这个网格图上呈现出来。

观察课堂，并把学生的学习方式和参与率记录在网格图中，我们欣喜地发现，每个环节效能的高低一目了然。当教师讲、学生听的时候，学生的参与率开始降低；当学生说和做的时候，他们几乎百分之百地参与。课后，我们对课堂教学目标的达成度进行检测发现，课堂上参与少的学生，其实际效能（测试成绩）明显低于其他学生。

例如，同样是执教《黄鹤楼》，高老师的网格图显示出，她特别注重运用学生自读课文、互相检查、两两背诵、小组讨论的方式，这些环节用时 29 分钟，学生参与率高，"说"和"做"的多，当堂达标检测显示，课堂优秀率（即每堂课结束后进行当堂达标检测，分优秀、及格、不及格三个等级，优秀率指达到优秀等级的学生所占的比例）为 85.8% 。而郭老师的网格图显示，全班学生"听"的环节占 14 分钟，"小组讨论"环节又用去了宝贵的 11 分钟，因为用时过长，学生们早已游离于课堂讨论之外了，因为学生参与率低，课堂优秀率仅为 64.3%。通过计算网格图理论效能可以看出，两节课存在明显差异（见表 2）。

课堂活动方式	时间	听（20%）		说（70%）		读（10%）		做（90%）		辅导他人（80%）		看（30%）	
		参与率	有效时间	参与率	有效时间	参与率	有效时间	参与率	有效时间	参与率	有效时间	参与率	有效时间
有效时间合计													
学生活动效能													
总效能													

图 4　课堂教学流程效益网格图

表 2　高老师与郭老师执教《黄鹤楼》的课堂效能对比

班级	课堂达标情况		网格图效能
	优秀率	及格率	
高老师	85.8%	98.3%	960.8/56 = 17.16
郭老师	64.3%	91.9%	870.6/56 = 15.55

我们用"课堂教学流程效益网格图"记录并分析了 10 名优秀教师和 10

名普通教师的课堂，发现优秀教师特别注重让学生"说"和"做"，从网格图效能看，他们的课堂效能明显高于一般教师。

表3　两类教师的网格图显示出的人均理论效能

	优秀教师	一般教师
1	23.45	18.05
2	22.5	13
3	17	16.95
4	15.12	17.89
5	19.05	13.71
6	21.12	18.16
7	19.02	10.48
8	18.82	14.78
9	19.75	10.95
10	19.12	13.7
平均	19.5	14.77

网格图不会"网"住教师

我们只用网格图来分析学生在课堂上的得失，不用它来评价教师。这样，越来越多的教师自愿加入研究课堂教学流程的行列中来。

我们研究了大量的"课堂教学流程效益网格图"后发现，网格图效能高的老师，大都是教学质量高的优秀教师，他们的课堂实际效能也高。而一般老师的平均网格图效能低于优秀教师的平均值。

这说明，网格图效能与课堂实际效能之间有较高的相关度，教师可以用"课堂教学流程效益网格图"反思、研究、改进自己的课堂，不断删除无效教学环节，建设高效愉悦的课堂。

我们把网格图推荐给教师，就是把教改主动权交到教师手里。哪位教师想研究自己的课堂，教师发展部便统筹协调"教学流程研究小组"进入其课堂，并对课堂进行全程录像。课后，小组成员与上课教师一起分析课堂教学流程，查找课堂中无效、低效的环节，研究提高课堂教学效益的方式方法。参与其中的教师，获益很大，都成为改造课堂的骨干力量。

再后来，教师们三五成群地自发组织，自行开展高效教学环节的研究。

宋君艳老师在研究了自己的课堂教学流程后，感慨地说，从理论上来看，"提问"这个教学环节，学生通常会因为紧张而高度集中注意力，但看了自己的录像发现，当一个同学站起来回答问题时，其余同学非常放松，要么傻笑地看着回答问题的同学，要么和同桌偷偷地说话。尽管老师三番五次地强调，在一个同学回答问题时，其余同学可以趁机默背，但收效甚微。因此，宋老师认为，这种提问方式是低效的，应该改变。现在，她在课堂上经常采用同桌互查、教师抽查或组长跨组检查等方式，使得每个学生都在积极互动，课堂效能大大提高了。

用网格图研究教学流程，在很大程度上改变了教师对课堂改革的态度，厘清了教师对教与学关系的认识。

一位教师在分析了自己的几个课堂网格图后，写下了这样的反思：

　　教是为了什么？课堂教学的最终目的是什么？如果不能够厘清这个问题，我们的教学便没有方向。毫无疑问，教是为了学生的学，课堂教学效益不是体现为我们教了什么，而是体现为学生学到了什么。网格图告诉我，到了必须改革我们的课堂的时候了！学校主张，课堂要从过去的"以讲为主"转变为"以学为主"，从以个体学习为主转变为以合作学习为主，从教师讲授型转变为学生学习型，完全符合学生的学习需求。网格图显示，以学生的学为主的课堂效能最高，学生间的合作学习最能调动每一个人的积极性，只有学生学得好的课堂才是真正的好课堂。

用网格图"看"同课同构课

广文中学首届"课堂教学工作研讨月"进行得如火如荼时，浙江省杭州市拱宸桥小学特级教师王崧舟老师来潍坊给全市语文教师献课。因会场座位有限，广文中学只有几个教师有幸到现场观摩，于是，我们在"周四沙龙"活动中播放了王老师授课的全程录像。

王老师讲授的是《两小儿辩日》。在观看录像过程中，我总感到王老师的授课环节似曾相识，但又那么不一般。

突然想到我校杨老师在首届"课堂教学工作研讨月"中展示的新入职教师汇报课，就是《两小儿辩日》。课的最后，杨老师设计了这样一个环节：八个同学分成两个小组，分组表演课文内容，以展示对文本的理解程度。每组表演时，一个学生读旁白，一个学生饰孔子，另外两个学生扮演两小儿。每组表演用时4分钟，这个环节共用了8分钟，占总课时的五分之一。

在评课的时候，我们认可了这种设计，但总感到其效率太低。

王老师的课最后也设计了这样的环节，不同的是，他让左边两排的学生做"一小儿"，让右边两排的学生做"另一小儿"，王老师做孔子和旁白者，他的作用就是启发、引导。在王老师不断的"追问"下，全班学生形成了辩斗的"两个小儿"。每个学生都参与进来了，他们越来越高兴、越来越流利地背诵了全文，而且感情真挚、饱满。这个环节竟成了效能最高的一个环节。

我画了网格图，对两位老师共有的环节进行分析，发现杨老师的这一环节效能只有 92，因为在这一环节，多数同学只有"看"的份儿；而王老师的这一环节效能却高达 156.8。

同样的环节设计，却因为学生参与率的不同，效能差异巨大。

这次分析，引发了我的思考。

学校有严格的教研活动制度，同一教研组的教师，一般会用同样的教案、同样的案例习题进行教学，并执行同样的教学环节，为什么他们的课堂效能差异悬殊？这里面确实有教师自身把控课堂、管理学生、语言表达等能力不同带来的差异，但有没有如语文课那样因具体流程不同而带来的差异呢？

于是，我们开始进行"同课同构"研究。

两位教师同上"一元一次不等式"习题课，教研组共同设计了 5 道题目，确定了这节课的重点、难点和突破点。刘老师上课伊始，用 4 分钟与学生一起回顾了所学知识，然后，用 2 分钟讲解了一道例题。第二道例题，让学生自己解决，用时 3 分钟，然后讨论了 1 分钟，展示和教师点拨用了 2 分钟。余下的 28 分钟，刘老师把五道题作为五个过关台阶，学生完成一道题目后讨论，然后教师点拨，依次进行下来，直到最后一道题目，共用去了 23 分钟。最后的 5 分钟，安排了当堂检测。检测结果显示，达标率为 94.5%，优秀率为 65.5%。

张老师的课，复习旧知识和做例题的流程与刘老师相同，但在解决五道题目时，张老师采用了和刘老师不同的流程设计。张老师发现，五道题目实际上有两个层次，前三道题目较容易，后两道题目较难。于是，张老师安排学生分两步走，第一步解决前三道题，第二步解决后两道题。前三道题目完成后学生一起讨论并全班展示，这个环节用时与刘老师用时相同。但在解决后两道题目时，不少学生被问题所困扰，12 分钟后，仍有一些学生没有解决问题。之后，张老师又用 4 分钟时间进行讲解，失去了宝贵的当堂检测时间。课后检测，达标率为 89.1%，优秀率为 63.6%（见表 4）。

表4 刘老师"一元一次不等式"习题课"课堂教学流程效益网格图"（班额56人）

课堂活动方式	时间	听（20%）参与率	听 有效时间	说（70%）参与率	说 有效时间	读（10%）参与率	读 有效时间	做（90%）参与率	做 有效时间	辅导他人（80%）参与率	辅导他人 有效时间	看（30%）参与率	看 有效时间
复习	4′	28	112′	28	112′								
导入新课	2′	56	112′										
做例题2	3′							56	168′				
同桌讨论	1′	28	28′	28	28′								
教师点拨	2′	56	112′										
做练习题	1′							56	56′				
课堂纠正	2′											56	112′
做练习题	2′							56	112′				
课堂纠正	2′											56	112′
做练习题	3′							56	168′				
课堂纠正	1′											56	56′
做练习题	3′							56	168′				
课堂纠正	2′											56	112′
做练习题	3′							56	168′				
课堂纠正	2′											56	112′
总结整理	2′							56	112′				
当堂检测	5′							56	280′				
有效时间合计	40′		364′		140′				1232′				504′
学生活动效能			72.8		98				1108.8				151.2
总效能	1430.8/56＝25.55												

一节40分钟的课，教师该怎样分配时间，才能既保证学生学习时间充

足，又确保教学内容巩固落实到位？课堂结构的均衡性问题值得我们关注。

用网格图分析"同课同构课"，让我们发现了课堂结构均衡所产生的效能。

在这一教研活动中，化学学科张凤俊老师执教"金属的性质"一课时，探究金属的物理性质和第一条化学性质，分别用去了 5 分钟；另两条化学性质是通过实验探究的，分别用去了 10 分钟。每个环节中，都有小组讨论、同桌纠错、巩固落实，它们环环相扣，引人入胜。学生始终在亢奋的状态下学习。剩下的 10 分钟，教师不仅完成了当堂检测，而且实现了当堂反馈。而运用同一个教案执教此课的李老师，探究金属的物理性质用时 6 分钟，而探究其第一条化学性质用时 10 分钟，两个实验探究在"小组讨论"环节又没有做好调控，共用时 23 分钟，完成学习内容时已经接近下课，课堂上不仅没有随时巩固落实，而且当堂检测也无法进行。

课堂结构的均衡，明显体现在教学环节的时间分布上。历史学科的王老师在"以课例为载体研究教学方式"的教研活动中，出示了一节"日本明治维新"的公开课。网格图显示，王老师用 27 分钟解决了本节课的第一个问题：了解日本明治维新发生的背景。后两个问题，也是本节课的重点问题——"分析、识记其主要内容"、"认识明治维新的作用"，分别只用了 6 分钟和 7 分钟。2/3 的时间只解决了 1/3 的问题，显然，这节课的效率不高。课后检测也明确显示出这一问题。

删除无效教学环节

对每一节课稍加分析我们就会发现，教学中低效环节普遍存在，甚至有些教学环节是无效的。这些无效或低效环节占据着课堂上的时间，影响着课堂目标的实现，因此，我们必须找到无效教学环节并予以删除。

我们不断地用网格图分析不同教师不同学科的课堂，发现优秀教师的课堂效益远远高于一般教师。通过分析优秀教师的课堂流程，我们找到了若干支撑课堂高效的教学环节；而通过研究普通教师的课堂，我们则发现了课堂低效或无效的教学环节。反复研究后我们对照录像进行微格分析，找出了针对教学环节的一般性要求。然后把这些要求整理汇总，形成了学科教学基本规范，全体学科教师必须遵守。从此，课堂教学有了基本保证。

化学学科的老师们分析了本学科课堂教学的几十个网格图，寻找课堂无效、低效的教学环节。他们发现，当出现以下情况时，91.2%的课堂效能开始降低。

1. 创设的教学情境没有适时呈现，或呈现时间过长（学生的注意力发生转移，使得教学无效）。

2. 教师对学生已经会的或者学生自己能学会的知识大讲特讲（违背了学生的认知规律，既耗时又低效）。

3. 小组讨论安排8人一组（学生发言机会少，参与率低，学习低效）。

4. 组织学生讨论没有思维容量的简单问题（课堂讨论价值低，学习低效）。

5. 多媒体手段呈现不适当（多媒体成为公开课上的包袱，浪费时间，使学习低效）。

于是，化学学科组教师制定了学科教学规范，明确了化学教学的基本要求。比如，从学生熟知的日常生活事例引入，创设的教学情境一般不要超过两分钟，课堂教学时间要合理分配，"落实"以2人小组为主，讨论以4人小组为主，评价以8人小组为主，等等。这样，有效防止了课堂上低效、无效教学环节的出现，提高了教师的课堂教学效益（见图5）。

在对大量网格图进行分析后，地理学科组制定了以下基本规范：

1. 教师导入时必须用与本课相关的俗语、谚语、故事、诗句等作为精彩导语，时间不能超过两分钟（研究发现，教师的课堂导入一旦超过两分钟，学生的注意力就会分散，这与课堂导入激发兴趣的目的相悖）。

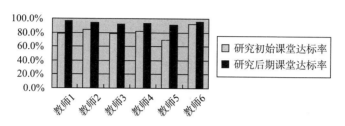

图5　参与实验的教师课堂达标情况对照图

2. 教学地理成因类知识时要用多媒体教学（教师能用动画就不用静图，能用彩色就不用黑白。不过，我们反对教师在所有课上都用多媒体教学，多媒体已经成为有些课堂上的包袱）。

3. 学习区域地理内容时，教师要展示区域地形图和政区图（教师要注重对学生地理技能的训练，让学生具备能看、会读、能填、会绘的技能）。

4. 达标互查时，2人一小组；讨论时，4人一小组；评价时，8人一小组（同位同学互查，参与率最高，效率最高；4人小组，最容易讨论起来，还能保证每个人都参与；8人小组进行评价，有利于缩小管理单元）。

5. 每节课上，教师要参与到半数以上的小组活动中去，在小组展示的过程中教师要及时点拨（以学生为主体，以教师为主导。教师只有了解学生的学习情况，才能有的放矢地发挥主导作用）。

6. "学生学习活动案"中要有学习目标、学习活动设计，要有达标检测题（教师要明确课堂任务，通过检测反馈了解任务的完成情况，对课堂进行闭合管理）。

7. 讲评课前教师要进行数据的统计和分析，还要进行归类讲评、变式训练（考试是为了改进，数据可以更准确地传达信息，帮助我们分析教学得失。要避免头痛医头脚痛医脚。变式训练可以让学生触类旁通）。

8. 任何教师的地理课堂上都要有板书（教师板书的过程，是学生观察、模仿、思考的过程，切忌用投影代替板书）。

9. 地理课堂要走进自然，走向实践，与研究性课题相结合（只有引领学生走进自然，学生才能学好地理，也才能用好地理。教师要有意识地内引外联，联系实际教学。每学期至少有一次指导学生地理项目的专题研究）。

生物学科不仅教学规范明确具体，而且将其转化为课堂教学评价标准（见表5）。

表5　潍坊广文中学生物学科复习课课堂教学评价标准

授课教师_____　　　　类别_____　　　　总分_____

项目		赋值	细则	得分
评委评价	教学过程	学科特色40分	1. 课内探究的基本教学流程（15分） 展示复习目标—组内展示，完善知识树—班内展示，精讲点拨—理解应用，拓展迁移—回扣目标，总结规律—当堂达标，反馈评价 2. 有复习学案，合理高效使用学案（10分） 学案设计合理高效，能创造性地合理使用学案 3. 构建并完善知识树（10分） 能够创建出自己的知识树，知识树设计合理、实用 4. 疑问探究以4人小组为主，有效讨论以2人小组为主（5分）	
		学生活动20分	1. 学习小组运行好 课堂活动训练有素，集体活动时间不少于10分钟（5分）；小组运行自主有序（5分） 2. 学生参与状态好 学生精神饱满，态度积极（2分）；学生参与率高，同一学生一节课提问不超过三次（3分） 3. 学生参与质量高 小组内解决主要问题，并能大胆质疑、补充（3分）；小组展示实效性强（2分）	

续表

	项目	赋值	细则	得分
评委评价	教学过程	教师活动 20分	1. 教学环节设计合理，处理得当 教师主导作用发挥好（5分）；教师点拨时机得当（5分） 2. 体现高效愉悦课堂理念 课堂各环节效益普遍高（3分）；师生合作默契（2分）；教师讲在当讲之处（5分）	
	目标达成	10分	1. 合格率 ＞95%（20分）；＞90%（15分）；＞85%（10分） 2. 优秀率 60%（15分）；55%（10分）；50%（5分）	
	课后个人反思	10分	1. 课后反思及时（2分） 2. 反思出自己课堂存在的问题（3分） 3. 有创新意识，探索问题的解决办法（5分）	

评委签字：

实践证明，使用学科教学规范后，各学科的课堂都发生了令人欣喜的变化。无论是课堂教学网格图效能，还是课堂教学实际效能，都有了不同程度的提高。

唤醒课堂上沉睡的数据

考试以后，每个学生的分数、班级平均分数、年级平均分数、最高分数、最低分数等，各种数据不一而足。一般情况下是对其排序，用以评优。其实，如果利用好这些数据，对其进行深入剖析，就能发挥考试的诊断功能，帮助我们达成发现学生问题、改进教师教学、促进师生发展的目的。

按照惯例，每学期期中、期末考试以后，广文中学两个校区56个教研组的老师们都要参加全校研讨。说是研讨，其实是展示和分享，真正的研讨在学部里早就进行过了。56个教研组抽签确定发言者，被抽中的发言者既代表学部，又代表学科组。

一次，广文校区初三物理教研组被抽到了，岳琳虹老师代表初三组进行了期中考试分析。

岳老师先分析试题。从试题结构到内容，从重难点知识的把握到难易适中度，详尽的列表展示后岳老师认为，期中考试的试题编设得不错，符合课标要求，符合新课改的方向。

接着岳老师依次分析每个题目的得分、失分情况。

以选择题为例。单项选择的十道题中，有三道题的得分率很高，分别是98.24%、94.93%、96.48%。这三道题分别考查学生对天平的使用方法、力的作用效果、惯性知识的掌握。岳老师说，学生得分率高并非因为题目简单，而是因为在学习这些内容时教师全部采用了实验教学方法，学生有探究、有体验。因此，岳老师建议学校尽快建立学科教室，让物理课堂成为实验课堂。她呼吁在学科教室建立之前，理化生学科要多走进实验室上课。如今，广文中学的物理、化学、生物学科教室已经建成，满足了学科教学的需求。

岳老师更加着力于分析失分题。选择题第4题和第15题失分的学生较多，得分率分别为62.53%、56.35%。岳老师分析说，这一知识点并非难点，学生失分是因为该知识点较为抽象，学生缺乏相关的生活经验。以第4题为例：

下列各物体中，质量为 $4.2 \times 10^7 \text{mg}$ 的物体可能是（　　）

A. 一只鸡　　B. 一个鸡蛋　　C. 一名中学生　　D. 一头大象

学生都知道 1 克等于 1 千毫克，明白克与千克、毫克之间的换算关系，但无法估算生活中物体的质量。

因为学生缺乏生活经验，新知识难以与旧知识建立联系，因此，她倡导物理"引桥课程"的建设要特别关注"生活引桥"——学习新知识前，教师要主动补充学生不足的生活经验。现在，"生活引桥"已经成为物理"引桥课程"的重要组成部分，极大地推动了学生物理学科的学习。

物理教研组的老师们对每一道题目都进行了详尽的研究，将得分与失分的原因探究得一清二楚，然后开展头脑风暴，制定出详尽得当的改进措施。

对于考试后的数据，教师还可以从其他角度进行分析。

与预期目标进行比对。考试前教师基于教学情况预估学生的考试成绩，对预期成绩和实际成绩进行对比，实际成绩超过预期或低于预期的都要从自己的角度查找原因，从而不断完善自己的教学。

寻找与达标值的差异。可以统计每个学生、每个班级、每个学科、每个知识点的达标情况。还可以进行历次考试的纵向对比，以发现学生、班级、学科、年级的发展进步情况。

发现错题背后的原因。汇总错题的各种原因，并进行数据统计。得分最高的，就是主要原因。抓住了主要矛盾，便能解决主要问题，再顺藤摸瓜地追问主要问题背后的原因，多问几个"为什么"，往往就能找到解决问题的办法。

分析个体的学生。对学生的总成绩构成、单科成绩构成、学业情况等，进行更宽广、更深入的分析研究。比如，总分相同的学生，会有学科间的差异；学科分数相同的学生，其学科学习能力也会有所不同。表现在语文学科上，有的学生基础知识掌握得牢固，有的学生阅读能力强，还有的学生作文水平高。更重要的是，即使学生的学科学习能力完全一样，其学习情态也有差异，有的学生主要靠内动力学习，而有的学生离不开外力的监督。即使学习动力都来自内在，学生之间还是有个体差异，学习方法不同、勤奋程度不同、反思频率不同等，都会影响学生个体的发展。

校园里数据无处不在，它等待着我们随时去挖掘。

一次数学教研活动，我们走进了张老师的课堂，这节课学生学习"有理数的乘方"。张老师创设了一个问题情境：1 个细胞每 30 分钟分裂成 2 个，如此经过 5 小时，这个细胞一共能分裂出多少个细胞？学生们开始思考，不少学生翻开了书本，有的小组开始讨论。不到两分钟，一个学生举手回答："2 的 10 次方。"接着，张老师用 5 分钟讲解了什么是幂、幂的指数和底数等知识。然后，剩下的 30 分钟全部用来做题。

在课堂观察中我发现，我旁边的两个 4 人小组中，有 6 位学生对"问题情境"存有疑问，虽然知道答案，但不明白答案的意义。我又走近同一排的另两个小组，他们也是大致相同的情况。也就是说，75% 的学生需要解决幂的意义问题。在之后的做题环节中，果然有不少学生用底数与指数相乘计算幂的结果，因为他们不明白幂的真正含义。

评课时，我就这一发现与张老师做了交流。当她听到 75% 的学生存有疑问的时候，脱口而出："如果知道有这么大比例的学生存在问题，我早就在课堂上解决这个问题了。"

课堂上沉睡着多种数据，它们需要我们去唤醒。

各有各的"道"

2009 年，在广文中学一年一度"我最喜爱的老师"评选活动中，思想品德学科高克林老师榜上有名，同学科的老师们个个欢呼雀跃。以前，学生一上思想品德课就头痛，学科老师们感到出力不讨好，他们从来没有进入过"我最喜爱的老师"的行列，这一学科也不曾被评为"我最喜欢的学科"。这一直是我最大的"心病"。今天，随着高老师的入选，思想品德学科终于可以和其他学科平起平坐了。

思想品德学科一直是广文中学考试成绩优异的学科。在 2007 年中考中，思想品德学科 A 等率超过 60%，是全市该学科 A 等率平均值的两倍。此后中考中，他们一直保持着这样的成绩。思想品德学科的老师们在欣喜之余，又倍感忧虑，因为学生不喜欢上思想品德课。每学期末在面向学生进行的"学科满意度"调查中，思想品德往往是垫底的学科。在回访毕业生时进行的"你在初中阶段喜欢的学科"调研中，思想品德也常常是倒数第一。思想品德学科教学高效，但不愉悦，老师们对此非常苦恼。有没有一条路径，能够真正实现思想品德课的育人功能，切实提高学生解决实际问题的能力，又让学生感到愉悦呢？他们率先开展了"寻找学科发展基因，破解学科发展困惑"的活动。

利用教研活动时间，16 位老师分成两组进行头脑风暴。思想品德课教学成绩高的原因有哪些？影响课堂愉悦的因素有哪些？今后的发展路径是什么？……没想到，这一方式让老师们说出了掏心窝子的话。

> 课堂教学，主要方式是教师画画，学生背背，所以成绩高高的。
> 学生成绩是高，但一味地背记很无聊，所以学生很反感。
> 教师大量地讲、灌输，一节课容量大，成绩高。
> 不结合生活实际，为考试而死记硬背，让学生感到乏味。
> 如果教师能用案例来解释知识点，学生就会喜欢这一课程。
> 学生喜欢，就会用心体验，在课程中收获就会很大。
> ……

老师们进行了一轮又一轮头脑风暴，提炼出若干要素，并将之排序，最终达成了共识："案例教学法"是适合思想品德课堂的有效教学方式，能够实现高效愉悦的课堂目标。

随后，在每周的教研活动时间，思想品德学科的老师们就开始进行"主题教研"，除了集体备课外，还要研究"案例教学法"的具体操作流程，一次一个主题，或导入主题，或预习主题，或探究主题，老师们将研究成果运用于下周的课堂教学中，进行尝试探索。经过一个学期的实践，思想品德课"案例教学法"流程基本完善，具体如下：

第一步，情境导入，目标引领。教师通过案例、歌曲、小品、故事、名言等导入，为学生创设积极的学习情境，激发他们的学习兴趣。

第二步，解读案例，自主探究。教师展示案例，学生按照"学生学习活动案"解读案例，自主学习，独立思考，深入探究，并把自己的疑难问题标记出来。

第三步，组内交流，合作探究。小组内交流，共同解决疑难问题，不能解决的组长做好记录。

第四步，组际展示，质疑问难。各小组展示讨论结果，其他小组质疑。就本小组没有解决的问题，寻求其他小组的帮助。学生确实解决不了的，由教师设计"引桥"问题启发他们思考，最终还是由他们来解答。

第五步，巩固知识，形成体系。教师引导学生对重点问题进行理解记忆，并对所学知识进行梳理，自主构建知识结构网络图，以形成知识体系。

第六步，当堂达标，及时反馈。对重点问题进行当堂检测，可小组间交换批阅，也可由教师批阅。教师要了解学生的学习情况，并及时反馈。

思想品德学科实施"案例教学法"以后，师生关系悄然发生着变化。高老师说："以前我上课时老是拉着脸，想着让学生听进去，就必须严肃，因此学生离我很远。现在，下课后学生很自然地就围着我；在外面遇见时，很远就问候我。有一次我讲完了课，很自然地说：'同学们，非常感谢你们的配合。'没想到几个男生跑过来，一下子把我抬起来，扔得老高。"

学生终于喜欢思想品德课了，原因何在？老师还是原来的老师，但课堂已经不是原来的课堂了。

思想品德学科探索的"案例教学法"以"案例探究—自主学习—内化

提升"为三部曲，有效促进了教师教学方式和学生学习方式的转变。通过搜集、筛选、分析案例或相关主题信息，培养学生提出问题、分析问题和解决问题的能力，全面激活了学生对思想品德学科的兴趣。目前，师生"讨论教学案例，关心社会风气"的研究与探讨在校园内已形成风气，数年下来，这一系列活动必能改变学生的精神气质，提高学生的人生境界。

于是所有学科教师，都通过开展头脑风暴等找规律，寻路径。

学科教学规律在老师们一轮又一轮的头脑风暴中，在老师们一次又一次的追问中找到了，学科教学方式也随之建立起来。

数学学科采取了"建设思维课堂"的教学方式。

物理学科采取了"模块教学，整体推进"的教学方式。

语文学科采取了"主题教学，单元推进"的语文主题教学方式。

历史学科采取了"提纲引动学习法"的教学方式。

地理学科采取了"小模块整体教学"的教学方式。

生物学科采取了"走进生活学生物"的教学方式。

英语学科采取了"文化引领，话题整合"的教学方式。

化学学科采取了"情境递推，探究递进"的教学方式。

一位教师在随笔中写道："在课堂教学中我们不要用某种方式束缚住自己，每个老师都有自己的特色，但摈弃无效教学环节，让学生愉悦地学习，构建高效的课堂，应该是每一个教师孜孜不倦的追求！"

教学有法，教无定法，贵在得法

寻找学科教学规律、学科发展基因的头脑风暴如一股强大的激流，席卷了广文中学的每一个角落，给了我深深的震撼。原来，老师们有那么多好方法支撑着高效课堂。

数学学科教师在"寻找学科发展基因，破解学科发展困惑"的行动研究中，是受益最大的。他们不仅寻找到了学科发展的共同基因，而且发现了每位老师独特的教学方法。

张立兵老师善于"讲"。他思维清晰，逻辑严密，学生很喜欢听他"讲"课。不过，他的"讲"并非一讲到底，而是循循善诱，本质上是引导学生"学"。

刘卫东老师善于"激发"学生的思维。遇到难题时，她总会说："看，不会了吧？我就知道，你们做不了难题。"学生们知道，这是刘老师在"激将"。越这样，他们越能保持注意力高度集中，最后，再难的题也会被他们攻下来。刘老师连续四次入选"我最喜爱的老师"，这是为师的最高荣誉，因为这是学生给她的评价。

张桂莲老师总是"抛砖引玉"。遇到学生难以解决的题目时，她从不接招，而是抛给学生一个小问题——解决难题的"杠杆"。小问题有了结果，就像思维的火花被点燃，于是难题都被孩子们突破了。所以，张老师带的班级，孩子们总能自主管理，再大的问题，孩子们都会努力自己解决。在一年一度的"最和谐班级"评选中，这个班级总能以高票入选。

孙金芹老师总能在很不相干的题目之间"找联系"。一道代数题、一道几何题，学生出错的原因怎会相同？可她就能发现，两道题出错都是因为学生没有把前后知识联系起来。于是，在接下来的课堂上，她会在学习新知识时与学生原有的知识建立联系，用旧知识加工新知识。结果，学生不仅学得很快，而且养成了好习惯。所以，她敢于接下一个家长很不满意的班级，让班级从乱到顺只用了不到两个月的时间。因为孙老师善于找联系，所以她总能发现问题的本质，她的教育方式、方法也总能触及学生的心灵。

当然，被数学学科老师们排在前十位的学科发展的共同基因，才是数学学科持续优质发展的根本所在。这是规律，这是数学教学之"法"。

1. 教师要对学生进行学法指导。

2. 教师要将知识学习落实在课堂、作业、考试、纠错等各个环节中。

3. 教师要善于激发学生的兴趣。

4. 教师要具有强烈的教书育人的责任心。

5. 教师集体备课要有流程，要求高效。

6. 教师要注重对学生进行数学思维的训练。

7. 教师要为学生创造浓郁的数学课堂学习氛围。

8. 教师要为学生提供良好的学科学习规范。

9. 解题后教师要注重引导学生反思和总结规律。

10. 教师要赢得家长支持。

老师们在教学中坚持这些做法，赢得了学生的高度认同，使他们的数学持续保持优异成绩。

化学学科教师在找到共有的规律性教学法以后，建立了"以课例为载体落实教学法"的制度，他们把行之有效的教学法落实在日常的课堂中。每次集体备课，他们都会设置"教学法主题教研"活动，研讨某个具体的教学法，再通过集体听课、评课，使该教学法有效落实到课堂上。通过一次又一次有关高效教学法的主题教研活动，化学学科独具特色的"情境递推，探究递进"的教学方式得以形成。这种教学方式，把"创设问题情境"作为重要前提，通过设置层层递推的问题情境，采用多种教学手段及形象化语言，激发学生的学习兴趣。"进行探究实验"是必不可少的重要环节，教师的化学知识传授从"静态"变为"动态"，从"平面"走向"立体"，学习者完全参与到学习过程中，真正成为课堂的主角，在愉悦体验中掌握知识、形成能力。

教学有法，教无定法。第一个法是教学本质的规律，第二个法是指方法。教师要先探求规律，再去寻找自己的教学方法，并在不违反规律的情况下灵活运用。

此效能，非彼效能

一节数学课上，刘雅琴老师讲完"多边形的内角和"后，在场的人，包括我，激动得眼睛都湿润了。

刘老师板书标题后，我的脑海中立即出现了这样一幅情景：老师在黑板上画了一个多边形，用线段把它分成几个三角形；从三角形的内角和为180度，推导出多边形的内角和为（$n-2$）×180度。

这是我当年上学时的情景。老师在黑板上推导，我们在下面听，只是在听，连优秀的学生也不曾动笔。知道了"多边形的内角和等于（$n-2$）×180度"后，我们开始用它解题。

但刘老师设计的课堂却不是这样的。

"同学们，我们已经知道了三角形的内角和等于180度。生活中的图形是多种多样的，多边形的内角和等于多少呢？今天，每个同学独立思考，每个小组合作展示，看哪个小组能用最多的方法，推导出多边形的内角和公式来。你们可以用任何方式。要求讲清楚推导过程。"

孩子们训练有素，他们马上安静下来，几分钟后，有小组开始交流，讨论声越来越热烈。再后来，声音渐小，刘老师知道，每个小组找得差不多了。于是，她开始组织学生进行小组展示。

8个小组，只允许各展示一种方法。后面的小组，展示的应是前面各小组没有展示过的。已经展示的小组如还有新方法，也允许再登台。

11种不同的推导方法，就这样展现在黑板和学生的练习本上。

有的小组画辅助线，让不相邻的顶点相连，将多边形分解成若干三角形，根据三角形内角和的原理推导出多边形内角和的定理。有的小组在多边形一边上随机确定一点，使之与不相邻的顶点相连，组成若干三角形，再用同样的方法推导。有的小组在多边形内随机确定一点，使之与各顶点相连，组成若干三角形。有的小组在多边形外随机确定一点，使之与相邻边以外的其他顶点相连，组成若干三角形。还有的用剪拼、折叠的方法。

......

推导过程完全是学生思考的过程。方法不同，手段各异，结论唯一。

刘老师对各小组展示时的随机点评，已经让我感受到了她的"意外"。

课堂总结时，她连续用了几个想不到："想不到你们这么有方法；想不到你们这么有创新精神；想不到把课堂给你们以后，你们给了我这么多的惊喜。"说着说着，刘老师竟哽咽起来。

刘老师已经执教过几轮初中数学，也教过多遍多边形的内角和，课改以前刘老师都是自己推导给学生看，也只不过用过三种方法，从来没有思考过还有其他方法可以尝试。今天，学生的创造力，让刘老师大感惊讶。

但是，这是一节没有完成预设内容的课。一个题目也没有训练，就下课了。

评课的时候，刘老师就此一个劲地进行自我批评："我应该早控制课堂，应该不让那么多的同学展示，应该按照课堂流程给孩子们训练巩固的时间。"几个"应该做"的事情，幸亏她都没有做。

她把学习"过程"完全还给了学生，学生们进行自我探究，获得了多种"方法"。

学生们在经历这样的探究过程时，有了创造力，有了成就感，有了积极的学习体验，他们会由此喜欢上数学，会由此勇于探索，会由此敢于质疑。这不正是我们期待的最重要的情感、态度与价值观吗？

情感、态度与价值观不是落地于师生的课堂总结中，不是教师设定的难以企及的目标，它就存在于教师引导学生的课堂学习过程中，它就弥漫于每个精巧的课堂设计里。

《数学课程标准》中有这样的基本理念：因为孩子所处的背景、思维方式不同，"数学学习活动应当是一个生动活泼、主动、富有个性的过程"。只有刘老师这样的课堂，才能实现知识与技能，过程与方法，情感、态度与价值观的统一。

到底有多少教师受制于流程，到底有多少课堂只关注知识与技能？如何让教师自觉地落实三个维度的课程目标？

我们开始了大面积听课调研。

调研后，我们把将要追求的课堂命名为"54321 自主课堂"。

54321 自主课堂

2009 年 10 月，在广文中学一届三次教代会上，除人事制度改革等议题外，我们还把课堂范式作为一项重要议题进行研讨，决定将"54321 自主课堂"作为广文中学着力追求的特色。在闭幕会上，代表们全票通过这一决定。

"5"，指课堂教学五步教学流程，即自主学习、小组合作、展示质疑、精讲点拨、反馈落实。我们强调学生自主、探究、合作的学习方式，关注学生积极的学习体验的获得，重视培养学生的自主学习力。

"4"，指教师在课堂设计时必须关注的四个关键要素，即学习内容、教学环节、教学方法、师生配合。教师要对学习内容进行生本化改造，让学生喜欢学习；要摒弃无效环节和低效环节，提高课堂效能；要采用多样化的教学方法，调动学生的积极性；与学生要有效配合，产生高效愉悦的好课堂。

"3"，指课程实施的三个维度目标，即知识与技能，过程与方法，情感、态度与价值观。知识与技能、过程与方法都只是载体，最根本的是要推动学生形成积极的情感、正确的态度与价值观。正确的价值观会促使学生做正确的事情，积极的情感会促使学生迸发做事的激情，产生动力。

"2"，指课堂要实现的价值追求——高效、愉悦。这里的愉悦不是表面上的热热闹闹，而是学生自主获得知识所带来的心灵的愉悦。

"1"，指教师在课堂上必须关注的一个核心环节，也是必备环节——阅读文本。学生自主学习大都依赖于阅读文本，文本中涵盖了知识，蕴涵着能力，学生如果学会了"阅读文本"，就能在很大程度上自主建构知识、生发能力。教师要引导学生用联系的观点、靠拢主题的观点、系统的观点"阅读文本"，让文本阅读取得最好效果，让学生通过阅读文本学会学习。

"课堂自测"是验收学生"阅读文本"效果的载体，并发挥了很好的作用。"自测"内容基于教材的内容设计，"自测"结果纳入学生过程性评价（占学业评价的20%）。"自测"结果好，学生就会产生强大的自信。"自测"中学生暴露出的问题，就是教师在课堂上要解决的问题，要通过合作探究、精讲点拨来解决，课堂结束时再用"标准化试题"进行达标验收。

"54321自主课堂"是研究的结果，五步流程、四个要素、一个核心都不是凭空想象出来的，而是在大量分析课堂教学流程效益网格图、调研师生需求的基础上确立的，它符合学生的认知规律，符合课堂教学改革的方向。"54321自主课堂"不是一种模式，而是有丰富内涵的课堂改革范式，它是开放的，鼓励各个学科据此创造性地探索符合自己学科、相应课型的具体教学方式。广文中学各个学科的具体教学方式，就是在它的引领下形成的，每一种教学方式都是具体的可操作的，而且各个学科都形成了基于不同课型的具体评价标准。

"54321自主课堂"调整了教学关系，改变了教学结构，给教师带来了极大的挑战。学校借鉴企业管理理念，将"数据"、"流程"等引入课堂管理，坚持"用数据管理课堂，对流程进行微格研究"，极大地推动了课堂教学改革。

门开着，教师的心敞着

我很喜欢听刘卫东老师的课。她的课抑扬顿挫，有张有弛，对听课人来讲是一种享受。为此，我还写过一篇随笔《听刘卫东老师上课》，老师们看后都说很有同感。

一次，我又想走进她的课堂听课。不料她说："校长，请允许我在家里穿个大裤衩子吧？"听她这样一说，我愣了一下。随即她呵呵地笑着说道："我想，课堂要像穿衣一样，有时正装在身，有时休闲服一套，在家里时要穿得舒适宽松一些。您来听课时，我总要穿上正装，我不自在，总是一个形象给学生他们也烦。今天我想用在家里着装的方式上课。您别介意啊！"当然不介意，我就想听最常态的课。

这节课，成为我所听的她的课中最自然也是最高效的一节课。

课堂是教师工作的主战场，研究课堂是教师永恒的工作主题。长期以来，教师参加优质课、教学能手评选活动时，大都以精雕细琢的一节课示人，这导致他们感觉自己的常态课无法见人，所以才出现了如有听课者到场教师便增加表演成分的现象。日本著名教育家佐藤学先生在《静悄悄的革命——课堂改变，学校就会改变》一书中写道："要让学校转变，至少需要三年。第一年，在学校里建立起教师间公开授课情况的校内教研体制；第二年，提高研讨会的质量，以授课方式和教研活动为中心，重新建构学校的内部组织、机构；第三年，以学生和教师有目共睹的转变为依据，把新的授课方式和课程设置正式固定下来。通过如此三年的教研活动，学校就可能成为一所像样的学校了。"公开授课，就是教师公开自己的常态课。开放教师的常态课堂，成为广文中学课堂改革必须跨出的一步。

然而，路必须一步一步地走。走得过快，容易跌跟头。

第一步，每个学科每周安排教师上一节公开课，允许其他学科教师参与，名曰"每日公开课制度"。每位教师每周确立一节允许任何人进入的开放课，这一开放课每一天的每一个课时都有，我们称之为"推门听课制度"。学期初，学科组上报每周出课人，任课教师上报周几第几节上开放课，汇总整理后，将之印在教职工人手一册的学年度周历簿上，同时张贴在显眼处。这两个制度，广文中学一推行就是两年。

"每日公开课"要进行课后研讨。学科组教师进行"课堂教学流程效益网格图"的现场记录，电教室教师现场录像，教师们对课堂的点评都是"用事实说话，用数据表达"，听课者受益，讲课者更受益。学科教学法、学科教学方式就是在教师们的研讨中逐渐完善起来的。数学学科的"数学五大学习策略"、语文学科的"语文主题学习十大基本课型"，还获得了潍坊市中小学教育教学（管理）方法创新燎原奖。

"推门听课"者必须留下宝贵的意见。每名听课者要给教师发展部上交一份听课表，作为他在本学期听课数量和质量的考核依据。教师听课表上主要有两栏：谈一点感悟、提一点建议。教师们称之为"两点评课法"。教师的感悟要结合自身的情况，提出的建议要切实可行。"推门听课制度"，让听者、被听者各取所需。

"推门听课制度"和"每日公开课制度"大大方便了教师。教师听课节数由过去的每周人均2节，提高到每周人均3.8节。走进他人课堂的教师多了，教师之间的交流加强了，课堂教学研究的气氛更加浓厚了。

2009年，广文中学所有的课堂全部开放。无论是本校教师，还是外来参观者，抑或是学生家长，每个人都可以走进每个老师的课堂，只是，每个听课者都不能忘记一个任务——"两点评课法"。

如今，教师们热切盼望着校长、教学处主任、学科主任来指导课堂，希望不同学科的教师"另眼看课堂"，希望经验丰富的教师来帮助自己发现课堂上的问题。课堂开放了，同事之间的交流增多了，经验传播得更快了，问题发现得更及时了，老师们的课堂越来越走向理想的常态。

精品课堂八个面

在开放自己的课堂上老师们迈出了关键性的一步。

每一个教师都不想在同事面前暴露自己的弱点，都不愿意自己的课堂教学方式被别人指手画脚。但现在，开放课堂已成为常态，你的课我能听，我的课你能听，听课后的"两点评课法"给了听课者和授课者很大的启发。

我知道，这远不是开放课堂的最终目的。如果开放课堂不和研究结合起来，教师之间就还是一种"互不干涉的私下默契"，"两点评课法"也就无关痛痒。

其实，开放课堂，意在让教师走进他人的课堂，发现自己的问题；意在让教师通过听课，吸取他人的经验，帮助授课者发现他难以捕捉的课堂问题。而这样一个发现问题的机制，需要有载体。

于是，我们借助第二届"课堂教学工作研讨月"，进行了"精品课堂八个面"的透视研究。

所谓透视"精品课堂八个面"，就是对包括教案、学案（"学生学习活动案"）、课堂实录、达标检测、学生对课堂的满意度、课堂教学流程效益网格图、课后反思、评课等八个维度进行横向、纵向分析研究。我们寻找教与学的关联，捕捉预设与生成的动态联结，探究检测数据背后的问题，对教学流程进行微格分析，以期找到教师在课堂教学中的真经验和真问题。

地理学科王蕾老师出示了一节新授课："不同发展类型的国家"的第一课"日本"。我们对其教案、学案以及课堂实录进行了横向对比，发现备课时教师对课堂情境预设得很全面，其课堂驾驭能力也很强。王蕾老师在教案中预设了学生可能提出的问题，又分析了学生提不出来但课堂上必须解决的问题。果然，课堂实录显示，学生提出的问题都在教师的预设之中，因为教师有充足的准备，所以"本节课整体上给人流畅、舒服的感觉"（评课者语）。而对于"日本的纬度范围"、"日本的季风气候带有明显海洋性特征的原因"这两个问题，学生根本没有思考。当教师询问"还有问题吗"的时候，学生都说没有问题了，这时教师不慌不忙地提出了上述两个问题。在解决问题的过程中，教师通过一步步追问，让学生自己去解决。

网格图显示出，这个环节，全体学生都参与进来。

学生喜欢挑战问题，课堂就应是学生挑战问题的地方。教师在课堂上的职责之一，就是不断推动问题的生成与解决，引导学生探究问题。

当然，这里的探究也应该是全员参与。

课堂实录告诉王老师，在问题解决的过程中，她过分关注课堂的流畅，而忽视了知识的拓展和与学生的全面互动。在课后反思中，王老师重点剖析了这一问题："因为心里始终装着教学任务，所以在处理'日本气候南北差异大的原因'时，没有拓展'日本暖流和千岛寒流加剧了这种差异'这一知识。"反思让王老师意识到，教学时应该眼中有人，跳出知识本身，立足学生的长远发展，把探究、互动的舞台还给学生。

评课分析也点明，王老师的课堂流畅，一方面是因为她的预设全面，另一方面是因为过于关注自己上课，忽略了学生的探究学习。网格图反映出，王老师跟单一学生互动多，关注困难学生不够，学生之间互动少，师生互动不够全面。因而，在学生自主学习和小组讨论环节，听课老师都发现有个别学生走神现象。达标检测数据显示，得85分以上的有43人，优秀率为75.44%；得60分以上的有55人，及格率为96.49%；有2名学生不及格。这2名学生，就时常游离于课堂教学之外。而不足70分的还有5人。这不足70分的7名学生需要得到教师更多的关注。还有一个应该受到关注的问题是，学生学习地理的积极性差别较大该如何解决。

对每一节课我们都进行如此透彻的多维度分析，这能够切实帮助教师实现课堂改进，进而促进学生提升。

历史学科郭晓磊老师对自己的"改革开放"这节课的达标情况，进行了统计分析（见表6）。

表6　课堂达标分析

		100 分	90—99 分	80—89 分	70—79 分	60—69 分	60 分以下
第一节	各分数段人数	20 人	18 人	10 人	3 人	1 人	1 人
	第 7 题错题数		8 人	4 人			
	第 8 题错题数		10 人	6 人	3 人	1 人	1 人

学生的错误主要集中在第7、8题上，那是关于城市改革的内容。数据告诉她，这部分内容在课堂教授环节出了问题。

出了什么问题呢？

再看"课堂教学流程效益网格图"中的统计数据，郭老师发现，在学习城市改革这一内容时，学生的参与率下降，仅为76%，几乎每个小组都有1—2名学生没参与课堂学习。学生游离于课堂学习之外，自然学不好知识。

那么学生为什么会在这里走神呢？

教研组教师分析认为，这节课的主题是改革开放，郭老师按照教材上农村改革、对外开放、城市改革的顺序教授，在讲农村改革的时候，学生很投入，以为已经把握了改革的全部内容，一提改革就认为是农村实行的家庭联产承包责任制。从学生的认知规律看，把农村改革和城市改革分割开来，不利于学生整体把握知识。

还有没有其他原因？

通过观看课堂录像，老师们还发现，讲解城市改革部分时郭老师引用了海尔改革的例子，当郭老师要求学生分析海尔为什么要改革时，学生大都回答不上来，郭老师也是寥寥数语带过，并没有提及"计划经济"这一重要原因。此时，从录像上能清晰地看到学生们迷茫的眼神。教研组决定，第二节课改用潍柴改革的案例，这个案例就发生在学生身边，甚至很多学生的父母都是潍柴职工，学生理解起来会容易一些。对于"计划经济"也要简单解释一下，以帮助学生理解当时的状况。

我们对学生进行课堂"满意度"调查，调查数据也清晰地反映出教师的改进点。第一节课，对导入新课、小组合作学习、质疑释疑、精讲点拨、合作达标五个环节，分别有6、13、2、30、2人投了满意票（每人确定一个最喜欢的环节）。有30个学生最认可精讲点拨环节，这一投票结果出乎老师们的意料，一般学生最认可的往往是合作学习，或者是质疑释疑。原因何在？从学生的反馈中可以发现，本节课内容较多，有些历史事件和名词学生普遍很难理解，在精讲点拨环节，教师运用了大量的资料和例子，帮助学生加深了对历史事件和名词的理解，所以深得学生喜欢。而在学习城市改革部分时，教师则匆匆带过。这也是造成学生学习过程中知识点薄弱的一个原因。

多维度的分析不断地呈现出教师的改进点。在改进后的课堂上，教师减少了导入时间，增加了精讲点拨时间；优化了教材内容，补充了潍柴改革案例；删除了某些环节，强化巩固了落实环节，特别增加了写的训练。第二次课后达标检测中，获得满分的达到了47人，远远高于备课时60%的学生满分的预期，学生的整体成绩有了大幅度上升（见表7）。

表7 "改革开放"一课新旧课堂达标情况对比

	100分	90—99分	80—89分	70—79分	60—69分	60分以下
第一节（53人）	20人	18人	10人	3人	1人	1人
第二节（58人）	47人	8人	1人	1人	0	1人

课堂教学工作研讨月，沙场"春"点兵

春天来了，广文中学开展"课堂教学工作研讨月"活动的时间到了。

每年三月的"课堂教学工作研讨月"活动，就是广文人的大节日，规模大、内容广、品位高，堪称学校活动"之最"。老师们各显身手，尽展风采，一方面推进自己的课堂，另一方面借鉴汲取他人的经验。一大批教师由此走上了通向成功的道路。

"课堂教学大赛"是历届"课堂教学工作研讨月"的主打项目，每年主题不同，项目内容各异。首届"课堂教学工作研讨月"，以"展示教师专业发展成果，促进高效愉悦课堂建设"为主题，设立了"新入职教师汇报课"、"青年教师展示课"和"成熟教师示范课"三类比赛。第二届则围绕"打造高效愉悦课堂，建设幸福教师团队"的主题，开设了新授课、复习课、习题课和讲评课四类比赛。第三届我们根据"完善高效愉悦课堂教学，落实三位一体课程体系"的主题，推出了"黄金搭档同上一节课"、"同课异构"、"特色课堂展示"等比赛。从第四届（主题为"全员深化课堂改革，实现课堂高效愉悦"），到第五届（主题为"人人打造自主课堂，共同丰富多元课程"），再到第六届（主题为"落实三维课程目标，发挥课堂育人作用"），每一届主题研讨时我们都强调人人参与，全员改革，"课堂教学大赛"成为教师成长的"关键事件"。

教师教学基本功大赛是每届"课堂教学工作研讨月"的必备项目，包括板书、钢笔字比赛，普通话或演讲比赛，教学课件现场制作比赛等。每届大赛形式不一，我们或选拔推荐优秀者参加，或分年龄段组织，更多的则是抽签确定参赛者。几届活动举办下来，就连从来没动过电脑，认为此生不用玩这种"高科技"，已届知天命之年的王老师，居然也捧回个"教学课件现场制作"一等奖。

为教师搭建研讨平台，研究教学规律，引导教师跳出课堂看课堂，是广文中学"课堂教学工作研讨月"的又一大特色。在首届"教师专业发展与高效愉悦课堂的关系"辩论赛上，我们澄清了教师对发展的模糊认识；在第二届"学习小组运行规则"论坛上，我们破解了课堂改革的瓶颈问题；在第三届"习题训练知多少"论坛上，我们有效解决了"适量练习"的"减负"问题……到了第六届，论坛围绕"如何落实三个维度的课程目标，发挥课堂育人的主渠道作用"展开。教师们有了"形而上"的认识，才能真正做好"形而下"的工作。

"行动研究"也是"课堂教学工作研讨月"的内容之一。"课堂中普遍存在的问题"是在首届"课堂教学工作研讨月"调研中发现的。"高效愉悦课堂的关键要素"是在第二届"课堂教学工作研讨月"期间捕捉到的。第三届研究了"学生闲暇时间的利用"，据此形成了《学生闲暇时间利用指导方案》。2009 年暑期，基于这一研究成果，我们利用"趁着长假快进步"的一封长信对还未报到的初一新生进行了有效指导，使他们的"无主假期"变成了有为暑假。

"课堂教学工作研讨月"是教师全员参与的活动。专家报告、名师授课、必读书刊考试、基本功大赛人人参加；课堂赛事、论坛等项目，教师们或登台，或做观众，参与率达 100%。这些活动全部由教师或教师团队竞标承办，在获得一定项目经费的支持下，承办者负责确定参赛人员、评选标准、评委构成、奖励方式等活动组织的全过程。这对组织者、获奖者来说都是成长中的"关键事件"。

据统计，在六年六次"课堂教学工作研讨月"中，有 1784 人次获得"优秀教学随笔（反思）"、"最佳辩手"等 10 类单项奖，120 人次获得"教坛新秀"、"教学能手"、"未来名师"等综合称号，每年平均 15 个部门或教师团队获得优胜奖、组织奖、特别奖。每年 7 月 10 日，当教师们在悠扬的乐曲声中，踏上红地毯，登上领奖台，佩戴花环，接过获奖证书，发表获奖感言的时候，他们脸上的那份灿烂笑容让人难忘，而更让人难忘的是他们为自己的进步而喝彩的热烈掌声。

大量布置作业 ≠ 好老师

教师都希望自己的学生在考试时取得最好的成绩，因为学生成绩的优劣在一定程度上体现着教师教学水平的高低。有调查显示，好教师一般不大量布置作业，而教学水平平平的教师则总是靠大量布置作业来弥补自己教学上的不足。

每学期，学校督导部都会对作业量进行大面积调查。调查采用无记名投票、等级评价的方式，将作业量分成适中、较大、太大三个等级，按适中3分、较大2分、太大1分计，结果显示，80.7%的教师作业量分值在2.4分（80%的学生认可）以上，只有不到5%的教师分值低于2，甚至有一位教师仅得1.36分。这位教师的50张有效投票中，"太多"占36票，"较多"占12票，只有2个同学认为"适中"。这位老师的学生是不是获得了优异的成绩呢？在上一学期我们的所有表彰活动中，这位老师没有获得过任何奖励，无论是体现教学成绩的"优秀教师"奖，还是体现和谐师生关系的"我最喜爱的老师"奖、"最和谐班级"奖，均与他无缘。原因何在？一个试图依靠大量布置作业来提高教学成绩的教师，其学生并不可能取得真正的好成绩。相反，作业布置适中的教师，不仅赢得了学生的认可，而且学生成绩优异。在这次调研中，有三位教师获得了100%的"适中"票。其中，尹树亮老师是上一学期的"我最喜爱的老师"。他执教的两个班，在上学期的期末考试中，语文成绩的优秀率、平均分、及格率均排在本年级前三名。

从教育哲学的角度看，我们不仅要关注孩子的成绩，更要关注孩子一生的发展；从发展心理学的角度看，过多的、超出孩子承受能力的作业量，只会使孩子对学习产生厌倦，失去兴趣。因此，改革教师评价制度，保障学生作业的适量，是校长应该作为也必须作为的事情。

2010 年，广文中学教代会通过新的教师绩效考核办法，明确规定：教学成绩占教师绩效考核的 25%，由实际教学成绩乘以作业质量系数得到。学校层面对作业质量的满意度调研，从每个学期一次变为每个学期两次，在期中、期末考试的同时进行，两次调研结果的平均值为本学期作业质量系数。不仅如此，各教学处还加大了对作业质量的把控力度，每周一次在学部层面进行调研：教师们每周集体备课后，上报下周的分层作业；一周结束时，调研作业质量的满意度，该满意度作为教师月度考核内容。此举极大地改变了教师对作业的态度，提高作业的质、控制作业的量成为他们共同的追求。

初三年级的陈其兰主任时常通过《初三进取报》跟教师们沟通，在一篇随笔中，她写道："我们是老师，担负着孩子终身发展的重任；我们是老师，有责任保持并发展孩子的学习兴趣。改革自身的课堂教学，努力提高课堂教学效能，把学习任务尽可能在课堂里完成，应该是我们老师始终不渝的目标。"

一个布置作业适量甚至不布置作业但学生依然能获得优异成绩的教师，才算得上一个好教师。

你的声音我来听

"一提到教师，人们想到的往往是一副清瘦的面孔，戴着一副黑边眼镜，穿着古板，表情严肃而不苟言笑，如同京剧里的脸谱。这样的人我们都不喜欢，何况是一群天真活泼的孩子？学生喜欢你，才会愿意学习你教的学科。要想让学生喜欢你，教师就不能高高在上，而要全身心地融入学生中，与学生打成一片；要具有年轻的心态，做一个有个性的教师。用微笑面对学生，就会获得学生的微笑；尊重学生，也会被学生尊重——这样教学就会在这种双向认同、心灵相约的过程中得到延伸，课堂也会变得生动活泼起来。"

这是首届"我最喜爱的老师"评选揭晓后获奖者李涛老师的感言。

我们在学生中调研"心目中好教师的十大要素"时发现，他们对教师的要求，更多地集中在尊重、信任、平等、公平等一般教育行为上。对教学行为要求最高的"教学方法独特"也只排在第五位。

学生喜欢某个教师，就会喜欢其执教的学科。多次调研数据显示，学生对某个教师整体满意度高的，其教学成绩必然突出；反之亦然。

我们在进行"高效愉悦课堂的关键要素"调研时，教师与学生对某些要素给予的关注度相差很大。比如，学生特别关注教师的状态、语言等，而教师对此的关注度不高。与此相反的是，教师特别关注学生的状态、课堂纪律等，学生对此却不以为然。由此，我们发现师生配合是课堂高效愉悦的关键要素之一。

在师生配合上，主动方应该是教师。于是，我们引导教师做学生喜爱的老师。我们评选"我最喜爱的老师"，在教师中树立榜样；我们汇总这些老师的特点印发给全体教师。因为有了榜样的感召，又因为是身边人身边事，比较容易借鉴，越来越多的教师为赢得学生的认可而努力。

仅有学生对教师的认可还不够，"师生配合"还要求互相倾听。

师生互相倾听，是师生心灵相约、有效配合的重要手段。我们倾听学生"最希望老师改正的行为"、"最不希望老师说的话"，形成"广文教师不得出现的十种行为"、"广文教师忌语十条"，以此规范教师的行为。我们倾听教师"最希望学生的课堂行为"、"最不希望学生说的话"，形成"广文学子十要十不要"，学生的课堂行为规范由此确立。师生互相倾听促进了师生互相理解，进而实现了师生互相配合。

教师教学十要则

一、教态自然大方，授课充满激情。

二、课堂语言简洁，关注学生情绪。

三、教学环节合理，学习效果第一。

四、教学手段先进，教学方法多元。

五、内容二次开发，课程适合学生。

六、课堂问题真切，点评及时到位。

七、板书结构明晰，教师示范有力。

八、适时调节气氛，学习热情高涨。

九、课堂承前启后，当堂反馈落实。

十、作业高质高效，课后及时反思。

学生学习十要则

一、课前准备充分，养成自学习惯。

二、尊重老师劳动，课堂精力充沛。

三、师生配合默契，学习专注集中。

四、小组合作学习，展示质疑补充。

五、大胆表达观点，倾听也是学习。

六、及时做好笔记，内化学习方法。

七、总结解题规律，强化变式思维。

八、多动脑勤动手，有见解善反思。

九、同学真诚相待，小组互助共进。

十、当日及时复习，作业落实到位。

倾听，不仅在师生之间，也在教师之间、学生之间广泛地开展起来。通过倾听优秀同学的声音，我们总结出了初中阶段学生的 12 个学习好习惯——

◎ 课前认真预习的习惯

◎ 上课认真听讲的习惯

◎ 课堂积极参与的习惯

◎ 记笔记的习惯

◎ 静心思考的习惯

◎ 及时总结的习惯

◎ 课后及时复习的习惯

◎ 整理错题的习惯

◎ 课外读书的习惯

◎ 善于观察生活的习惯

◎ 睡前"放电影"的习惯

◎ 倾听别人发言的习惯

我们把倾听形成的规范叫作"公约"。

在学生手底下解决问题

于永正老师是中国小学语文界的一位大师，我在教科院工作期间曾经两次邀请他到潍坊讲学。我发现于老师讲课时不疾不徐，将巩固落实贯穿于几句话中："会的举手"，一看举手的不多，就说，"好，莫急，再给你们时间"；过一会儿，又问一遍"会的举手"，如果发现举手的还不多，就再给时间。于老师的落实可以总结成一句话：在学生手底下解决问题。

高效、愉悦是广文"54321自主课堂"始终不渝的价值追求。学生学习新知识，有落实才有高效，落实必须当堂完成，必须在纸面上完成。

但课堂上，绝大部分教师却常常因为"内容多，时间紧，不够用"而忽略了落实，他们寄希望于课外——给学生布置课外作业。

在首届"课堂教学工作研讨月"活动中教师展示的 42 节大赛课，达标检测都是在第二天下午的最后一节课上进行的。凡达标率高的，都是当堂有落实反馈的课堂。

要落实，就必须找到载体。

跨国连锁企业沃尔玛已经进驻中国多年，而且家喻户晓。一家零售企业如何能够始终占据世界 500 强的位置？其落实规则功不可没。沃尔玛提出了"微笑服务"，并将之具体界定为"三米微笑"原则，当顾客进来，离你三米远的时候你就开始微笑。沃尔玛还有一个关于工作效率的原则——"日落原则"。即今天的工作，在今天日落之前，必须完成，而且日清日结，决不延迟。不管是乡下的连锁店还是闹市区的连锁店，只要顾客提出要求，店员就必须在当天满足顾客。

落实，就是这么简单。

教师在课堂上的落实也应有具体标准和原则。

广文中学的"学生学习活动案"有两个重要组成部分：自我验收和当堂达标。前者是学生自主学习后的自主验收，落点是基础知识，小组内互批，便于教师发现问题，引发学生讨论。后者按照标准化试题设计，于课堂最后的教学环节完成，由教师批阅，便于发现教学中的缺陷，批阅结果纳入对学生的过程性评价中。过程性评价最少占学期学业总评的 20%。

教师批阅了学生的作业，是否就是落实了？当然不是。多次研究显示，即使教师通过批阅作业指正了学生的问题，落实也不一定到位了。学生如果能够自主改正，再犯错的概率就会大大降低；如果不能自主改正，在同类问题上还会犯同样的错误。因此，必须"在学生手底下解决问题"。对当堂达标检测批阅后的跟进改正，是教师再落实的重要手段，而且再落实的情况会影响学生的过程性评价分数。

把"落实"置于过程中，甚为重要。各学科教学规范几乎都有这么一条：达标互查以两人为主。在课堂上，学习一个知识点后，同桌两人自主地互相检查，共同落实。教师还要主动去发现有问题的同学，并主动与其交流。

对于在当堂达标检测中出现频次较高的错题，每个教师都要进行整理归类，寻找错误的原因。在期中、期末复习时，各个教师的错题整理本就会大有用处。这可以看作是落实的向后延伸。

落实向后延伸，更应该当堂进行。在广文中学，每间教室内都有一个"疑难问题征集箱"，按学科分隔开，学生在课堂上来不及问的问题，都可以放在这里。每天放学前，科代表将问题条收集起来转交给教师，教师在下节课上课的时候，集中或分散解决学生提出的问题。

落实的方法是多样的。有的教师喜欢打印，有的教师愿意出示投影，还有的习惯用黑板。在广文校区，2011级的教师喜欢在黑板上落实，学校特地为他们多安装了一块黑板，教室前面、后面、侧面三块黑板满足了他们的需求。

如今，教学中的落实环节已经进入学校各项工作的流程中。

改到深处是制度

课程改革改到深处是制度。

制度带有根本性、全局性、稳定性和长期性。课改只有有制度保障，才能走得长远。

于是，我们制定了集体备课制度，即"各自备课，一人说课，共同研课，跟踪听课"。每年寒暑假是广文中学教师通读教材、各自粗备的时间。教师们储备大量资料，搜集丰富素材。在周集体备课时，教研组长安排一人说课，大家共同研讨，形成共案。说课者出研究课，组内教师听课研讨后说课者修改教案。集体备课制度把教师的智慧激发出来，把教师的力量凝聚起来。

我们制定了主题教研制度。每学期初，教师们用头脑风暴法征集本学科课堂教学问题，将问题确立为组内课题，用集体备课时间开展围绕主题的教研活动。将主题教研融入周集体备课内容中，教师备课时围绕主题研究，听课时围绕主题评析，将问题解决和讲课实践紧密结合起来，"课题各个击破，智慧资源共享"。

我们制定了学科研训制度，即一月一次的学科研训活动，学科教师全部参加，主要解决课程二度开发、特色课程建设、学科教师发展、教学方式探索、教学方法改进、课堂教学创新等问题。研训活动一次一个主题，大都以课例为载体，实现研讨和培训的有机结合。

我们制定了每日公开课制度，即每天一节公开课（每个学科每周安排一个教师上公开课，每周各个学科都会推出来，向全校开放），这已成为广文中学的常规制度。公开课与教研活动同步进行，教研活动有机安排，每天1—2个学科，每天都有公开课。教师用教研活动时间出示公开课，公开课成为各学科研究课堂教学问题的载体。现在，各个学科都在大力推行"公开课的公开研究"。教师进入公开课堂，记录教学流程，分析无效环节，探索高效教学方法。公开课已成为助推教师课堂教学前行的动力。

我们制定了课堂开放制度，即全员全面开放课堂，这已经是每个广文教师习以为常的事情。每学年开始，各年级的课程安排表张贴在教学楼大厅里，参观者、家长、校内教师据此选择推门听课课堂，可以集中听课，也可以走动听课。听课后听课者需上交听课记录表。

我们制定了作业督导制度，即对学生作业进行不定期督导，包括中层干部入户调查、问卷调查、个别访谈等，不断发现教师布置作业方面的问题，再通过发布督导报告予以修正。学部各出新招，他们有的将作业公示在学部公共区域，有的每周进行一次督导调研，有效地遏制了教师布置的作业质量不高带来的学生无效学习的现象。

我们制定了"精品课堂八个面"研究（磨课）制度。为探索学科教学规律，在公开课的公开研究中，我们提出要透视"精品课堂八个面"，包括教案、学案、课堂实录、达标检测、学生对课堂的满意度、课堂教学流程效益网格图、课后反思、评课等八个方面。讲课人课后诠释，学科组人人参与点评，"以课例为载体研究教学方式"被落到了实处。各学科的教学方式逐步形成。

我们制定了"54321自主课堂"过关制度。每个学期，教师个人自主申报，学校课程管理委员会对申报教师进行三次验收。第一次走课验收，课程管理委员会不定期走进申报者的课堂走课观摩，他们关注教学的基本流程和学生的状态，通过者将被公示；第二次验收，课程管理委员会对通过者随机听课，通过一节课解剖"54321自主课堂"的落实情况；第三次验收，课程管理委员会组织第二次验收通过者进行公开课比赛，优胜者予以通过。

我们制定了对达标课堂的听课制度，即对"54321自主课堂"达标的教师，公布其每周的课程表。我们要求未达标教师每周至少听两节课，一个月总计听八节以上，每次发现授课教师的三条优点，并提出改进自己课堂的三个建议。教师们发现的优点由教师发展部汇总，公示在办公平台上，同时建议由他们自己留存，课程管理委员会跟进指导。

有了这些制度做保障，广文教师全员参与到建设"54321自主课堂"中来。

创新管理

CHUANGXIN GUANGLI

部门变更的背后

2012 年新学年伊始，学校在机构设置上又做出了一个决定：我们抽调处于教学一线的三位中层干部，组建专门的课程管理委员会，分管教学的副校长担任委员会主任，各学科主任担任委员，委员会秘书长由教师发展部主任担任。

这项决定，搅乱了整个校园。大家提出疑问：原来总说教学一线最重要，要将最强的力量配给教学一线，现在为什么抽调三个教学一线的主力，专司课程开发、实施以及细化和完善呢？更有人认为，学校原有课程管理处，而今改为课程管理委员会，无非是换汤不换药改了个说法而已。

学校的组织形式一般与学校的中心工作密切相连，它影响着学校办学目标的实现。建校之初，我们分析传统的学校组织形式（即在校长、副校长领导下，设办公室、总务处、教导处、政教处、工会、团委等机构）不能支撑学校发展目标的实现。一是因为它不能承载"发展教师、成就学生、服务社会"的办学理念，它的行政管理的职能很强，而服务师生的意识和功能却很弱。二是因为它不能突出学校以教育教学为中心的职能定位，不能突出教育教学的中心地位。三是因为这种形式条块分割明显，不利于学校对综合项目的管理和组织，也不利于我们的工作创新。于是，广文中学在机构设置上进行了改进：设立学校事务处、教学服务处、教学保障处三个职能部门，它们与三个年级的教学处，并列为学校六个中层管理部门。我们强化这三个职能部门的服务意识和服务职能，它们负责各自工作的调研规划、统筹安排、过程协调、监督检查、评鉴反馈。将对教师、学生的管理权下放给教学服务处，是为了让学校的决策信息直接抵达最基层。这一机构设置，突出了教学的中心地位，降低了管理重心，简化了管理流程，降低了成本，提高了效率。

教学服务处这样的名称本身就蕴含着机构设置的意向。内设机构和工作岗位的确立，一般都是从中心工作出发、从实际需求出发。

我们提出"发展教师、成就学生、服务社会"的办学理念，要求把教师发展作为第一要务。2006—2007学年是学校的"教师发展年"。所以我们在教学服务处内部，下设教师发展部、学生发展部、教学资源部。教师发展部，专职负责教师发展的相关工作，包括组织教师培训、教师沙龙和教师论坛，评选教育科研、教学成果奖，组织公开课、示范课、研讨课活动，调查总结典型的经验，了解省内外教改信息，为学校改革发展提出建议，负责教师报刊的编辑发行等。教师发展部的工作核心是教师发展，因此，我们还创建了教师发展学校，开发了必修课、选修课等系列课程，实行学分管理制等，建立起教师发展工作的长效机制。

办学理念不应是贴在墙上的口号，而应落实在我们的机构设置和行动中。"发展教师、成就学生、服务社会"的理念深植在广文中学每一位教职工心中。

2008年，随着"精品课程年"的到来，建构课程体系、开发课程被我们提到议事日程上，我们撤销教学服务处，课程管理处应运而生。除了学生发展工作设立学生发展处独立管理以外，它承接了原教学服务处的其他所有职能，还增加了学科课程二度开发、特色课程建设、对课程实施情况的督查与反馈等职能。当年，我们建立了"三位一体"的课程体系，课程目标、课程结构清晰，课程内容较为丰富，课程管理与评价制度也初步建立起来，广文课程方案确立下来。

在四年的课程建设中，教师全员参与到课程开发中来，每个教师至少参与了一门课程的开发。各学科都努力开发学科课程，各个系列的特色课程、十个类别的活动课程不断丰富，广文课程方案在教师们的实践验证中不断完善起来。此时，再采用行政管理的手段推动课程建设，已经无法激发教职工的活力，我们需要淡化行政管理色彩，更多地采用搭建平台、分享交流、自动自发等形式，使每一门课程真正成为教师发自内心的创造。于是我们在总结课程管理处四年工作经验的基础上，组建课程管理委员会，专门负责"完善'三位一体'的课程体系，细化课程内容，让课程更加适应学生，使课程成为广文学生成长的最佳精神营养"。

课程管理委员会设立后，三员大将领衔建设三类课程。我们不再要求每个教师必须参与开发一门课程，而是通过"我最喜欢的课程"评选、"本学期课程开发再行动"等活动，推动课程建设。走进课程管理委员会、负责学科课程生本化开发的董建萍主任，曾是物理学科主任，她带头细化物理学科"引桥课程"的开发，并进一步完善"教材整合"工作，在她的带动和影响下，所有教师更加积极地行动起来。

我的岗位我选择

在广文中学，只要有学生集中的地方，就必然有"大发"。上学的时候，他在门口；放学的时候，他在主干道上；学生有外堂课的时候，他在办公楼前；午餐的时候，他的身影又出现在餐厅里。自从到了学生发展处，他就像变了一个人，那份快乐、自信弥漫于整个校园。很多人都说，这个岗位就是为他准备的。

被学生称为"大发"的老师，是现在主管学生常规工作的李振发老师。

在广文中学，每个岗位都是双向选择的结果。三年一次大调整，学年结束小调整。岗位职务一聘三年，三年后自动解除，重新竞聘。在 2012 年岗位竞聘中，李振发老师报名竞聘学生发展处，并如愿以偿地走进了这里。虽然只是平级的岗位调整，但因为适合自己，所以他迸发出了极高的工作热情，刚一上任他就风风火火地投入学生常规管理工作中。很快，他就找到了常规管理工作的突破点，将常规工作的"面"分解为几条"线"，再把每条"线"具体化为几个"点"，从"点"入手推动各项常规工作的落实，见效很快。

升国旗是常规工作的一条线，"大发"确定了第一学期这条线上几个重要的"点"——升旗的入场秩序、升旗的退场秩序、升旗的队列、学生宣誓的声音和气势等。然后确立每个"点"的评价标准，每次升旗时即时评价，于是升旗这条线上的几个重要的"点"竟然一下子有了很大改观。

"大发"把这条线上的评价机制固定下来。一条线达标了，他再关注另一条线，同样是抓住这条线上的一个个"点"。就这样循序渐进地从一条线到另一条线，学生常规管理工作这个"面"，悄无声息地有了改变，成为与创新工作比翼齐飞的一大亮点。

很多人说，今天才知道"大发"这么有点子。而他则说："通过自己选择岗位，我找到了干工作的新感觉。"

"我的岗位我选择"，最能发挥教师的主观能动性。每个人在选择岗位的时候，都会对自己的专业背景、兴趣、优缺点以及岗位的客观条件等反复进行比较和斟酌，"因为是自己选择的，也就愿意投入百分之百的精力去做，遇到问题时自己总能想方设法寻找解决办法，而不是将问题向上、向外推"。

广文中学采用双向选择、层层聘任的人事聘任机制。校长与中层干部签订聘任协议后，教师、职员申报工作岗位，中层干部聘岗。最了解需求的是自己，最了解干部的是教师，在这种双向选择中每个人都会找到自己心仪的岗位。学校人事聘任不再是校领导"拉郎配"，因此，每个中层干部都会聘到自己需要的人员。学校设置各部门优秀比例，以保障骨干教师合理分配。在竞聘过程中尊重了教职工的意愿，保障了教职工的权利，大大减少了人员调配过程中的矛盾，工作氛围也更加和谐了。

兼职岗位也是教职工自己选择的。2012年9月文华校区（即潍坊文华国际学校，是广文中学受托管理的一所民办学校）搬到新址后，学校增设了班车带队教师的兼职岗位，已经是班主任、担任英语教学工作的武效辉老师选择了 21 号班车带队教师的岗位。每天早上 5：40 起床，6：20 赶到起始站点，途径 8 个站点，武老师上下 8 次车，清点 8 次人数，强调 8 次纪律……有时她半夜还要接听家长的电话，回答各种各样的问题。因为是自己选择的，武老师不仅承担起了这份责任，而且制定了详细的工作流程以及一系列班车管理制度，21 号班车成为孩子们又一个温馨和睦的家。和谐、温馨的氛围，各年级、各层次同学的自然搭配，让班车成为教育教学的又一块阵地。

武老师选择了这个岗位，主动承担起了岗位责任，而这也成就了武老师。因为服务于 21 号班车，2012 年她获得了"我爱广文年度人物"的荣誉称号，这让她体验到了在这个兼职岗位上的成就感、幸福感。

今日楼层我值班

我们努力建设学生喜欢的"理想学校"，也赢得了他们的心。每天下午放学后，总有部分学生不愿马上回家，他们或者与老师交流，或者打扫卫生，或者讨论问题。也有的学生在校园内、楼道内追逐打闹，这样的学生虽然不多，但却是安全管理的大隐患。

安全是第一要务，如何解决这个问题摆在了管理者面前。

从学校管理的角度看，最简单的办法是在规定时间内"静校"，"赶"学生出校门。但是，从学生的角度看，这样做可以吗？

学校是学生的学校，校园是学生的校园，他们愿意留在这里，我们应该用合理的方式为他们提供相应的帮助。于是，每个学部施行"今日楼层我值班"的机制，所有教师均承担安全值班任务。从早上 7：30 至下午放学后 30 分钟，每日每层楼均安排一名教师在学生上下学、课间、午休、紧急疏散或者集中出入的高峰环节等时间段，在相关位置维持秩序，疏导交通，巡视楼梯、厕所等关键位置，关注各方安全，不留安全空当和安全死角。

我们给每位教师发一张值班表，将值班时间、值班要求都写在值班表上。只要有学生在，就必有教师在。

但是，一天，本该在二楼值班的高老师没到岗，学部主任马上打电话找她，原来她忘记了那天该她值班。接完电话以后，高老师驱车赶往学校。因为着急，她在路上和其他车辆发生了剐蹭，尽管没有大的问题，却让我们陷入思考：单凭发一个值班表是解决不了问题的，有没有更好的办法解决教师容易忘记值班这个问题呢？

全体教师开展头脑风暴后决定使用飞信的定时提醒功能，事先设置好一个定时短信，在某位教师值班的当天早上6点整提醒他，并告诉他值班时间、值班职责及有关要求等。

没过几天，问题又出现了——惠老师没有按时到岗。原来他起晚了，没有看到6点钟的提醒短信，等醒来后发现已经晚了，只能匆匆赶往学校。于是，我们改变短信提醒办法，由早上6点改为前一天晚上8点发送。而且，学部委员值班检查遇到漏岗情况时先行补岗，确保不留管理空当。

教师到岗的问题解决了，可又发现了新的问题。一天，学部委员王翀在三楼值班检查时，一楼的一个学生飞奔而来，气喘吁吁地说："老师，一楼的玻璃被同学撞碎了，您快过去看看吧。"王老师处理完事情后嘱咐学生："以后再遇到类似情况时可以先找值班老师，他就在同一楼层，处理突发事件会快一些。"学生说："我不知道今天是哪位老师值班，只好到三楼学部办公室找老师。"

有没有一种办法让学生知道今天是哪位老师值班呢？初二学部率先设计制作了"今日楼层我值班"的标志牌，将之安装在每个楼层的醒目位置：分合一体式设计，既有固定版面，又有可随时更换、拆装方便的值班牌。固定版面上有值班职责，值班牌上有值班教师的生活照、姓名、任教学科、教育箴言等内容。有了标志牌以后，学生清楚了每日本楼层由哪位教师值班，有问题找他可得到即时处理。

那么如何更换值班牌呢？学生主动承担起了这项工作。如遇值班教师有事换班，学部会在第一时间告诉学生，以确保标志牌上的教师与实际值班教师一致。

夏天到了，白天变长了，有的学生早早就到了学校，如何确保他们到校后有教师在呢？我们又采取了值班时间递进管理制度，基本实现了"学生到老师在，学生在老师在，学生走老师回"，堵住了管理上的漏洞，确保学生在校安全。

"今日楼层我值班"机制，保护着学生，推动着教师，提升着管理。管理过程中出现问题是必然的，只要我们不断追问问题背后的原因，找到解决问题的最佳办法，就会不断提升管理水平。如今，值班教师不仅关注安全问题，更关注学生的成长。

满意度是重要的工作业绩

贾俊峰老师是我校一名优秀教师，凭着较为丰富的教学经验和较为深厚的业务功底，每年他都能获得比较优异的教学成绩，而他的勤恳敬业更让他在同事中享有较高的威信。但在学校首次进行的师德考核中，他却没有评上"师德优秀"，这深深地刺痛了他。

带着不解，他向我寻求答案。

翻开师德考核结果，他的"数据"确实不在前列。通过一项一项地解剖，我发现，他的工作态度、育人效果都不错，但是家长和学生对他的满意度偏低，影响了他的总成绩，使他与师德优秀无缘。

又是满意度的原因。

广文中学成立以后，为了推动建设"学生喜欢、教师幸福、家长满意、社会认可"的理想学校，从 2006 年开始，我们面向学生、家长进行满意度调查，包括家长、学生对任课教师的满意度、对班主任工作的满意度、对各部门工作的满意度、对学校整体工作的满意度等，并根据调查结果，表彰"我最喜爱的老师"和"我（家长）最敬佩的班主任"。两年下来，这两项贾老师一次都没有入围，他说："不求最好，只要不差就行。"看到同事们一个个荣获"我最喜爱的老师"和"我（家长）最敬佩的班主任"时，他总以名额太少、思品学科课时少为由为自己开脱，甚至还流露出一些抱怨的情绪。

然而，当我们倡导"满意度是重要的工作业绩"的理念时，当我们把家长、学生对教师的满意度调查结果纳入师德评优等正式评价时，贾老师开始了深刻的自我反思："我布置的作业有没有经过深思熟虑？我对学生上交的作业有没有认真及时地批阅？我对学生的态度是否简单粗暴？我和家长谈话时的语气是否适当？我有没有把学生和家长反映的问题当回事？……"他在反思中开始作出改变。

如今，他在师德考核中连续获得优秀，成为"我（家长）最敬佩的班主任"，被评为"我爱广文年度人物"，他甚至主动请缨主持青年教师联合体工作。他没有了抱怨，有的只是干劲和不断发现问题、解决问题的态度。

对评价的重新定位，成为推动贾老师成长的"关键事件"。

在我们对职员老师的年度考核中，服务对象的满意度占了40%的比重，几乎决定着考核结果。评价机制的改变推动着服务质量的提升。2013年潍坊市首次进行理化生实验操作考试，并将成绩纳入中考总成绩。理化生学科教师很焦虑。要在那么短的时间内复习曾经做过的实验，只靠自己的力量是完不成的。没想到，实验室的所有实验员老师全力以赴地投入实验的准备、整理工作当中，他们不分白天晚上为实验教学做好各种服务，在他们的努力配合下，学生的实验考试顺利结束并获得了优异成绩。于是，理化生学科教师集体为实验员团队请功，理化生实验员团队被评为2013年4月份的"月度闪光人物"。

"要我做什么，你就告诉我如何评价我"，推动任何工作必须评价在先。

"54321自主课堂"把学生对课堂的满意度作为评价教师的要素之一，因此，教师主动向学生调查："你喜欢怎样的课堂？哪个环节最高效？"从而不断改进课堂教学。

我们还将任教班级学生的学业质量乘以作业满意度系数，作为教师的工作业绩，纳入教师的年度考核。于是，教师主动研究，不断提升作业的质，压缩作业的量。

每个学期社团课程、特色课程结束后，除了进行课程成果展示以外，我们还要进行学生满意度调查，投票结果将影响社团是否能成为优秀社团，任课教师是否能成为优秀教师。只有这样评价，教师才有可能不断完善课程。

学生对学校餐厅的满意度，决定着餐厅的去留；群众对干部的满意度，影响着干部是否能够继续获聘任；家长对学校各部门工作的满意度，制约着部门是否能够获得优秀。

"满意度是各岗位教职工重要的工作业绩"，它已经成为广文中学的文化。

成长有约

广文中学已经130岁了，见证其百年历史的，是校园里的几棵古树，那棵茂盛葱郁的五角枫就是其中之一。学生们喜欢坐在树池上聊天，五角枫陪伴着一批又一批学生成长。

　　2006 年的一天，初三（23）班一名学生从我办公室的门缝里塞进来一封信，她在信中写道："尊敬的校长，您好！我是一名中午在校用餐的学生，和其他中午在校的学生一样，吃完午饭以后，我会有近两个小时的空闲时间，有时我会做作业，但大多数时间通过神侃或游戏度过了，这样浪费时间我们很心疼。不知学校能否考虑在中午开放阅览室，让我们浮躁的心能找到一个宁静的港湾……"针对学生反映的情况，我们在住校生中进行了调研，征集多数同学的意见后，我们及时调整了图书馆老师的作息时间，在中午为学生开放阅览室。

　　如何让更多学生的意见能够及时反映上来，使学校和学生交流的平台畅通起来？我们在五角枫下设置了一个意见箱，由学生发展处汇总学生的意见，报给领导签批，转交给相关部门落实。一段时间下来，我们解决了不少困扰学生的问题。

　　后来，意见箱里的意见越来越少。问及原因，学生说不喜欢写了。

　　不喜欢写，那就说吧。于是，第二个学年，我们启动了"成长对话"活动，每周三下午最后一节课，在三楼会议室，开展校长与学生之间的"成长对话"，每次主题不同，参与人员各异。一个小时的"成长对话"活动拉近了校长与学生的距离，这成为学校民主管理的一道亮丽风景线。

　　慢慢地，学生不喜欢说了。

　　为什么？他们认为许多人在一起说话不方便，想单独聊天，或者聊自己感兴趣的话题。

　　于是我们又设置了单独聊天的平台。什么时间合适呢？午餐时间吧。

　　午餐时间，值班校长和想单独聊天的学生，边吃边聊。因为吃饭的时候气氛融洽，学校从学生这里获得了不少关于学校发展的建议，以及他们的困惑、问题等。学生发展处汇总学生的问题，请有关部门一一落实，加以解决。

　　然而，中午不在校用餐的同学有意见了："我们没有时间和校长聊天。"

那么，如何为每个同学搭建沟通交流的平台，满足他们的需求呢？我们又想起了那棵五角枫。

新的学年开始，"相约五角枫下"的成长有约活动开始了。

参与的学生要准备好提案或者活动计划，到学生发展处报名。学生发展处教师根据提案内容，尽量把相同、相近、且由当日"值班校长"分管的问题，作为成长有约活动的主题。有些简单问题，值班校长现场答复；有些问题，值班校长将之列为项目由各部门落实。

每天大课间，值班校长在五角枫下等候着。学生们三五成群地相约而来。遇到感兴趣的话题时，他们一边听，一边讨论；遇到不感兴趣的话题时，待这个话题结束后再来。别小看这帮小家伙，他们的思想可是蛮深刻的。

他们关注课堂问题。2011级郑策同学就读的小学，曾经采用"问题课堂"的课堂教学方式——学生自学提出问题，围绕问题加以讨论和深入学习，效果不错。她建议，在"54321自主课堂"中引入"问题课堂"的内核，把问题的生成和解决作为课堂的主要任务。"54321自主课堂"虽然也强调问题的生成，但更关注教学流程的改变，因此，她的意见值得借鉴。真难得，广文中学有这样爱思考的学生，于是，我们将问题抛给她——值班校长建议由郑策同学与学部主任面谈，先在2011级学部内甚至郑策的班级内开始探索，不断总结经验，完善"54321自主课堂"。

"常规管理非要扣分吗？有片落叶怕什么？"学生对学校的常规管理提出了质疑。目前的常规管理基本上采用督查扣分制，一片树叶、一个纸屑，会给班级扣掉一定的分数，因此班主任感到焦虑，学生提心吊胆，连上课也不安心，越是刮风时节，心越难安。他们的问题正是学校想解决的问题。曾经让学生发展处研究改进办法，他们都以无法保证校园卫生和秩序为由，持续实施惯用的评价。今天，学生提出来了，到了问题解决的时候了！我们将问题"还"给学生："既要保证校园秩序，又不影响你们的学习，你们有什么好办法吗？"学生摇了摇头。值班校长提议，可以进行跨年级调研，研究如何在不扣分的情况下，做好常规管理工作。

2012 级同学提出，要丰富大课间的活动内容；学生会同学提出，要完善校园广播站的运行机制；还有的同学提出，要落实学生主动参与活动的机制；更有同学建议，不仅读书节举办"好书漂流"活动，平时也要让好书漂流起来……方方面面的建议，全部指向了丰富多彩的校园生活。对每个提议，我们均予以充分肯定，均让提议者继续研究，形成更加完善的方案。

"相约五角枫下"，形式很简单，内涵很丰富。看上去是为学生搭建了交流的平台，实际上是走进了学生的心灵世界。

制度是"商量"出来的

2012 年，是潍坊文华国际学校发展史上举足轻重的一年。为了满足家长对优质教育资源的需求，学校从奎文区幸福街迁至经济开发区民主街，扩大了招生规模，从原来一个年级 12 个班 480 名学生扩增至一个年级 18 个班 900 名学生，各种压力挑战着学校的管理团队。

管理如此大规模的年级，对于学部主任张立兵老师来说，挑战不小。管理团队只有他和 18 名班主任，以及 27 名非班主任的任课教师，他还要参与教学研究、指导课程开发等，大大小小的事务性工作由谁来做？尤其是搬到新校区以后，新增了班车运行、午餐管理、午休管理、晚自习管理和晚休管理等很多管理工作，单靠他和班主任，根本无法保障年级工作的运行。于是，张立兵老师和团队的老师们商量，请他们分担各种事务性工作。于是，"教师全员管理"和"学生自主管理"成为学部管理的两驾马车。

"教师全员管理"，即每个教师除正常的教学岗位外，还要有一个面向全年级的管理岗位。每个教师自主选择，学部加以协调，教师们承担起了关于学生会、班车、宿舍、餐厅、教学楼等各个服务岗位的工作。那么，如何保证每个岗位的职责落实到位？选择相同岗位的教师们一起研究制定了岗位管理制度，因为制度是自己商量制定的，他们在自己的岗位上服务得很用心，责任意识明显提高。负责学生会生活部和学习部的张丽娜老师，把学生用餐管理得井井有条；负责年级班车事务的辛庆香老师，尽职尽责，从未出现差错。"教师全员管理"，制度自己制定，岗位责任明确，每个教师都在不同的岗位上创造性地开展着工作。

"学生自主管理"体制实现了我们提出的"让学生管理自己，让学生服务他人"的目标，从班级到学部，给予每个学生管理岗位，推行管理学分制，年级学生会发挥协调、调度作用。年级学生会着眼于服务年级常规管理，弥补了校学生会和班委会管理的空当。"学生自主管理"工作有布置、有监督、有评价，学部管理水平大大提升。

年级学生会内设机构基于学生的实际需求而设置，共有一个团五个部，即主席团、活动部、生活部、学习部、自律部和卫生部。主席团下设秘书处和信息处，主要负责年级学生会工作的整体运作，以及各部门间的协调和信息传达。活动部下设体育处、外交处、文娱宣传处，分别负责快乐大课间的安全和秩序、接待国内国际参观团和家委会成员、组织举办文艺和体育活动等，配合学校和年级搞好校园文化建设和宣传工作。生活部下设公共设施管理处、失物招领处、午餐常规督察处、爱心社。学习部下设作业调查反馈处、英语角、读书社。自律部下设宿舍午休值勤处、校园文明督察处。卫生部负责教学楼常规卫生和大扫除。

如此多的部门，没有良好的机制是难以有序运行的。因此，年级学生会组织学生代表开展头脑风暴，"商量"出了一系列制度，让学部管理工作扎实有序地运行。

在广文中学，制度就是这样在需求中产生，在发展目标下协商出来的。我们改变了过去由管理者制定制度、被管理者执行的做法，创新制度产生的过程，同时引导教师参与学校民主管理，参与制度的制定和决策的形成。

一般地，凡涉及全校教职工利益的重大规章制度或重大决策，我们都要提交全体教职工大会或教代会商讨决定。随着办学自主权的下放，潍坊市教学能手评选权、职称岗位评聘权交给了学校，学校组织由教师参与的评选委员会，广泛征求教师的意见，经过几上几下的研究，将最后的提案提交给全体教职工大会，经85%以上的教职工表决通过后方可施行。

涉及部分教职工利益的重要规章制度或重要决策，由教代会选举产生的教职工委员会商讨通过。在评选上报山东省教育创新人物候选人的时候，由教职工委员会邀请参评的8位教师共同制定推选办法——这样的举措确保了推选工作得以顺利进行。

一般的管理规章制度，或临时性、突发性、一般事项的决策由办公会表决通过。全体教职工大会、教代会、教职工委员会对办公会通过的制度如有异议，可以行使否决权。

在广文中学，大小制度都是"商量"出来的，都根植于"民间"，都是"从群众中来，到群众中去"，都是以师生需要为第一原则。

制度是"商量"出来的，这使制度形成的过程成为大家统一认识的过程，制度也就自然成为大家自觉遵守的公约。

优秀是计算出来的

每到周三下午大课间，教师们都会不约而同地到学部办公室查看自己本月的师德考核得分。

广文中学依据《中小学教师职业道德规范》《潍坊市中小学教师十不行为规范》《潍坊市师德投诉必查三十条》等文件，从学校实际出发制定了《学部师德建设考核标准》，对师德有了更为明确细致的规定，每月对教师进行一次考核，然后根据考核结果评选"月度师德标兵"。

在一次师德考核中，初三学部武效辉老师得分最高，学生和家长对她的满意度是满分，同事互评也是满分，她参加的磨课活动、她的班级组织的校外综合实践活动以及她坚持带班车均得到了相应的加分。

在广文中学，"优秀是计算出来的"。我们在推选山东省教育创新人物候选人的过程中，根据推选标准，制定了翔实的评选方案和具体量化标准，在此基础上计算出每个人的量化分数。最后，一位年轻教师以绝对优势名列第一，被作为候选人向市里推荐。结果他荣获 2007 年"山东省十大教育创新人物"的称号。

广文中学每年的年度考核是教职工十分关注的问题。我们确立了"我的岗位是服务对象提供的"的工作理念，把服务对象的评价纳入教职工年度考核。年度考核办法由教代会通过，实行量化计分，根据每个教职工所得分数，按照一定比例，确定教师年度考核优秀等次。这样不仅大大增强了教职工的服务意识，而且营造了一种民主和谐的氛围，形成了"恪尽职守、精益求精、雷厉风行、有所作为"的工作作风。

在广文中学，所有的评优项目都有具体的评选标准和具体量化分数。"我爱广文年度人物"、"我最喜爱的老师"、省市校优秀教师等，全部是根据考核评价分数确定的。就连在"课堂教学工作研讨月"期间设立的上百个奖项，也全部是计算出来的。在广文中学，未获得奖励的教师总能从自身寻找原因，因为他们都知道，在这里"优秀是计算出来的"。

"计算优秀"，让教职工们一门心思抓业绩，全力以赴谋发展。所以，才能常常看到以下场景。

某周三下午，初三学部开展数学教研活动，教研组长曹文霞带领七人团队围绕"如何更有效地进行教学环节设计"开展头脑风暴。过去，这样的小团队很少开展头脑风暴。可在刚刚过去的一周"专家组走课"活动中，数学组七位教师只有一位教师的课堂表现成绩排在学部前十名，这是以前从来没有过的。老师们知道，他们需要剖析问题，加以改进。于是，他们充分调研，自我剖析，查找原因，研究对策。

他们在开展头脑风暴时畅所欲言，甚至争得面红耳赤，每个教师都深刻反思自己的课堂，寻找不足。开展头脑风暴是最能暴露每个人想法的研究方式，他们真的是在下功夫研究问题，并提出了诸多改进措施。如备课时备学生要充分，不仅要预设哪些学生存在学习障碍，还要进一步预设每个学生的障碍点在哪里；布置的作业要精，教师必须提前做练习，习题课要精中选精，力争做到举一反三，等等。

教师们在工作中主动请缨的事也屡见不鲜。

某周三下午放学前，负责学校班车工作的丁志方老师收到一条短信："丁老师，下周开始我可以带 17 号车（初二学部　魏素雅）。"

魏老师的孩子 9 月份刚上小学一年级，为了让孩子尽快适应小学生活，她一直亲自接送孩子。进入 10 月份，她把接送孩子的事情交给老人，全身心地投入工作中来。学部要求每位教师双岗双责，即必须承担一个教学岗位、一个安全岗位的工作，除此以外，还可自主认领兼职岗位，如班车带车教师、年级学生会等各个部门的辅助教师等。每一个岗位的教师，每月均由其服务对象进行评价，评价结果计入月度教师考核。当然，为了体现多劳多得的原则，兼职岗位的教师在评价中会有一定的加分。

"优秀是计算出来的"，合理的评价起到了正确导向作用，激发了教师们参与学校各项工作的积极性，引领他们成为学生成长过程中的"重要他人"。

多把尺子量老师

他是一名正式职工，却做着连临时工都嫌脏嫌累、望而却步的工作。整个校园哪里有脏活、累活，哪里就有他的身影。桌凳等设备需要调整了，他就是搬运工；卫生死角需要清理了，他就是清洁工；管道堵塞了，他就是管道工。有谁听到过他说一声累？有谁听到过他道一声脏？他就是后勤保障处的王洪林老师，他默默无闻，始终如一，用自己的双手创造着平凡而又辉煌的业绩。2006年，他被评为"我爱广文年度人物"。

王明志，是"老黄牛"精神的忠实实践者。工作中，他既当指挥员，又当战斗员。虽然年龄大了，但遇到需要上墙爬屋、爬杆登高等危险的维修工作时他仍一马当先，在一次维修路灯线路挖沟时，他的手都磨起了血泡，却不叫苦不喊累；在建设节约型校园活动中，他每天巡查水电，认真负责，不辞辛劳。即使在爱人动手术住院时，他夜间去护理，白天仍照常上班，不耽误工作。在他的带动下，学校全年未发生过任何水电安全事故。2007年，他被推选为"月度闪光人物"。

作为体育器材管理员，郭民兴老师在管理好现有体育器材的前提下，以校为家，想方设法开发资源，为学校节约开支。他发现报废的篮球、排球中，有些经过缝补还可以再使用，就试着自己缝补。当他看到乒乓球台的挡板不足时，又自己掏钱买来缝纫机针、线、梭子、机油，搬出多年闲置不用的缝纫机，制作了22个挡板。一个五十多岁的男人，近视眼加老花眼，要缝补这些谈何容易！但郭老师凭着"把学校的事当成自家的事"的责任心，以实际行动为建设节约型校园尽力。2008年5月，学校成立"明星会馆"，郭老师成为"明星会馆"的第一位明星。

于永三老师是广文中学一名普通的公寓管理员，他"以校为家，爱校如家"，除做好自己的本职工作外，以主人翁的态度关心爱护集体，把学校的事情看作自己的事情。他利用工作之余察看教学楼各教室、办公室的灯是否亮着，空调是否开着，这已经成为他非本职工作的"分内事"。在工作中，他多次发现问题并及时告知有关部门和学校领导，为学校节约了不少经费。他还以书面形式多次向学校领导提出有关节约的合理化建议，得到了教职工的认可和学校领导的赞扬。2008年4月18日，学校表彰他为"爱校如家"的标兵。

荆秀红老师是一名经验丰富的化学教师，2012年，她的父亲去世，母亲患病，婆婆住院，她自己患有腰椎间盘突出，各种压力接踵而来，但她总放不下要毕业的孩子们，她硬是带着化学团队研究了近三年全国各地150 套化学试题，重组出 22 套给毕业班的学生训练，她带的学生的中考成绩以 58.6% 的 A 等率名列全校各学科第一、本学科全市第一。拼搏奉献就是她的名片，激情燃烧就是她的课堂的写照，思维创新就是她工作中永恒的主题。2012 年，她被评为"我爱广文年度人物"。

……

每月，我们面向教职工的各种奖项陆续出台，有正式评价，如"月度师德标兵"、"月度优秀共产党员"、"月度课改带头人"；也有非正式评价，如"月度闪光人物"、"月度青年才俊"等。每年，我们都有优秀教师、优秀教育工作者、优秀班组等各类评选。平常，我们不断地创造机会，出其不意地给教师一些奖励，比如会议前的"赞美同事演讲"就让老师们倍感温暖：会议前抽签确定演讲人，演讲人随机演讲，但内容要聚焦办公室里的爱的故事。刘老师给办公室里的同事买饭，张老师每天一早赶来收拾卫生，王老师帮助年轻教师成长，薛老师在办公室里打点滴只是为了不离开孩子们，姜老师被车刮伤、腿部红肿没给孩子们耽误一节课，等等。每一个故事都是在传播广文中学的文化，每一个故事都是在释放爱的能量。

我们倡导的各种正式和非正式评价，激发了每个教师的积极性，让每个广文人都感到自己很重要！

教师节，倾听教师的"抱怨"

2006 年教师节，因为时间仓促，我们举办了教师节庆祝大会后即宣告结束。2007 年教师节，是广文中学成立后的第二个教师节，我们把"破解老师的难题"作为教师节的主题，于是，我们给老师们写了这样一封信：

倾听您的心声　破解您的问题

亲爱的老师：

　　您好！

　　新的学年又来到了。在我们共同度过的一年的快乐时光里，每位老师为了学生的成长和学校的发展，殚精竭虑，倾心付出。对此，我们一直充满着深深的敬意和谢意。我们知道，当孩子需要您照看的时候，为了学生，您把自己的孩子放在一边；当父母需要您照顾的时候，为了学生，您把老人委托给别人；当您身体不适的时候，为了学生，您一边治疗一边上课……每位老师都被许多工作和家庭的问题困扰着，特别是遇到自己难以解决的问题时，心中难免有些抱怨、沮丧。为此，我们十分着急，愿意尽全力与您一起解决问题。今天，在我们的节日里，我们真心倾听您的诉说，请把您心中的抱怨，变成最迫切需要解决的问题，从最重要到最不重要，每人每类列出5项。对这些问题，学校将安排专人汇总，从最多和最迫切需要解决的问题开始，逐项加以解决。

　　祝您节日快乐！

学校领导班子

二〇〇七年九月十日

　　当老师们的三百多份"抱怨"返回来的时候，我知道了他们的需求。从他们最迫切的需求开始，我们确立了新学年"为教师做十件实事"计划。因为教师上课多，嗓子容易疲劳甚至受伤，学校为每个教师配备了扩音器；因为部分教师的孩子上学放学接送、放学后看管有问题，学校专门派出面包车，集中接送他们，并且为他们安排了休息室；因为办公室网络不好，老师们难以上网查找资料，学校投资五万多元，为每间教室、每个办公室布设了网线，保证了网络的畅通；老师们希望每年做一次体检，学校与潍坊市人民医院取得联系，每年11月由人民医院组织医务人员义务为他们检查身体；老师们还希望改善办公条件，为每人配备一台电脑，学校也解决了这个问题……

老师们真诚地倾诉工作、生活中的各种困惑，学校努力通过各种途径、手段一一加以解决。

之后，"倾听教师的'抱怨'"成为每年教师节的保留项目，"十事实办"也成为学校年度工作的重要内容。

学校不仅在教师节关注教师的需求。每年新年到来时，每一名教职工的父母、每一名学生的家长都会收到饱含着学校真挚祝福和诚挚感谢的新年贺卡。通过贺卡，学校向教职工父母汇报他们的子女在学校的工作情况以及学校的发展情况，把新年祝福送给每一位学生家长，这一举动赢得了社会各界的一致好评，也赢得了教职工的心。老师们在不知不觉中体验到一份别样的幸福，校园里处处弥漫着和谐与温馨的气氛。

还有"赞美同事演讲"、教师生日祝贺、节日期间校长用短信祝福教职工等，我们通过各种活动营造校园里的和谐氛围。

这样的氛围也促进广文中学"倾听"文化的形成。每月一次的"专家报告"，讲什么内容？请谁来讲？我们要倾听老师们的建议。我们每年给教师下发"关键书刊"，是倾听教师需求的结果。国家、省、市、县、校各级课题，我们都是在倾听教师的困惑和需求中确立的；教师发展学校开设的必修课程和选修课程，更是离不开每个学期开展一次的对教师的广泛倾听。每个学年结束时，学校都要向老师们送上一封话语温馨的书信，请他们倾诉自己在工作中的苦恼和问题，并提出改进的措施和建议。每个学期结束时，学生也会收到学校的问卷调查："在本学期学习的知识点中，你感到哪个最难？"对于已经毕业的学生，我们会到高中学校去倾听他们的诉说："你在初中三年里，最喜欢的活动是什么？请用三个关键词表达你对初中班主任老师的整体印象？你最喜欢的学科是什么？如果再上初中，你的渴望是什么？"

我们的倾听，让服务对象自由表达。

开展问卷调查、开座谈会、个别访谈、"课程对话"、书信交流、邮件沟通等，都是我们在倾听活动中采用的好方式。

资源就在"我"身边

在潍坊文华国际学校改建过程中，如何设计教学区是我们讨论的焦点问题。文华国际学校是一所招生压力颇大的学校，按照传统的设计理念，我们应尽量多建教室，便于容纳更多的学生。然而，学校追求的是适合学生发展的教育，于是，开发学习空间、丰富学习资源，成为我们改造文华国际学校的价值追求。

图书馆怎么设计？一般来说，学校会有一个专门的图书楼，即使没有，为了方便管理，也会把图书馆设在一个楼内。然而，我们看到了学生在有限的空余时间到图书馆借书多么不容易，从教学楼跑到图书楼，再跑回来，空间距离会把他们的读书热情消磨掉。于是，我们在每座教学楼里开辟一定的物理空间设立图书馆，两栋教学楼里有两个图书馆，学生随时可以到这里借阅图书。

我们将两个新建的图书馆完全开放，实行开架取阅，方便学生借阅。图书馆分成三个区域——书架区、阅览区、读书区。学生可以对坐在沙发上交流，可以坐在桌子前记录心得，也可以坐在电脑边查阅资料；还可以坐在地毯上欣赏影像资料。大大的落地窗投射着温暖的阳光，这里成为学生们最喜欢的地方。课间，他们会来这里，哪怕只有几分钟时间；自由活动时间，他们会来这里读书看报；晚间，很多学生选择在这里上自习。这里是读书社团开展活动的最佳场所，也是老师们开会研讨时首选的地方。图书馆离学生很近，图书资源始终环绕在学生身边。

另外，每层楼设计了一个"开放交流区"，这也方便了学生使用图书资源。在教室有限的情况下，每层楼均贡献出一间教室，我们将其建成"开放交流区"，同一楼层的学生可以在这里跨班交流，这里有书架、图书、沙发、茶几，还有可以随意组合的皮凳。这里的图书一部分来自图书馆，一部分是学生自愿带来分享的。他们喜欢这里的借阅方式——借阅不限时间，想将图书带出"开放交流区"只要自主登记即可。图书管理员是学生志愿者，负责整理图书。一下课，"开放交流区"便涌满了学生，有来借阅图书的，也有过来找同伴交流的，还有到这里来欣赏本楼层各个班级"风采展示"的。

我们建设的"学科教室"使学习资源发挥了最大效能。四个生物学科教室基于不同的学习要求而配备，做实验时要用到的所有仪器就在学科教室的橱柜里、抽屉里，学生可以自由取用，不必向生物老师或者实验员申请。四个物理学科教室，包括电学教室、力学教室，还有光学教室，周边是实验台，中间是课桌凳，学生可以边实验边学习。三个化学学科教室同样发挥了学习资源的最大效能，满足着学生化学学科学习的需要。在学科教室里，学生愿意动手实验，他们的实验技能、学习效果都在不断提升。2013 年学生第一次参加理化生实验技能考试，获得了高达 82% 的 A 等率。

为了建设这些学科教室，我们将原来的三间普通教室改造成两间学科教室。虽然减少了普通教室的数量，但创造了众多资源支持学生的学习。

我们还在每栋教学楼里设立了其他资源区，比如微机室、自修室、活动室、社团教室等。各资源区设在教学楼里，都在学生身边，在他们可以自由选择课程的时间里，他们可以基于自己的意愿，选择到不同的资源区去发展爱好，培养特长。

我们开辟的种植园，更是学生的最佳学习基地。在占地只有 80 亩的校园里，我们专门辟出 15 亩地作为种植园。在这里，学生种植了白菜、地瓜、各种树木，他们学会了劳动，认识了植物的生长过程，观察到了蝴蝶飞舞，体验到了生长的感动。上生物课时，他们来这里动手；上语文课时，他们到这里观察；上技术课时，他们把这里作为实践的场所。

"让资源围绕在学生身边"，不仅在空间上，更在资源管理上，方便了学生随时取用资源。这样，他们会体会到不一样的学习过程，自然会产生不一样的学习效果。

当然，资源充足是重要前提。

我的岗位是服务对象提供的

在学校办公楼二楼、三楼之间的墙面上挂着这样一句话："我的岗位是服务对象提供的。"

这不仅是广文倡导的一种服务理念，更深切地落实于制度之中。在广文中学教职工评价体系里，服务对象的满意度占很大比重。在教师评价中，满意度作为系数与其考核成绩挂钩；在职员评价中，满意度占考核成绩的40%。

家委会迟会长见到我常常会说："校长，每次看到这句话，我都很感动。"

迟会长的感动来自我们把家长放在非常重要的位置；而我也很感动，其源于这一理念之下教师们的变化。

"我的岗位是服务对象提供的"，这一理念把我们的"管家"变成了"服务员"。教学保障处切实树立了为教学服务、为师生服务的意识，让教职工人人寻找自己的服务对象，确立了"提前、主动、及时、优质、高效、节约"的服务理念。教学保障处还成立了"保障服务中心"，设立了"维修热线110"，推行"一站式服务"，制定了"一站式服务工作流程"，小件物品维修、物品领用等事均大大提高了处理效率。他们还坚持每日校园维护巡查、公共物品维修巡查、水电维修巡查、卫生保洁巡查等工作。

服务走在了前面，管理效益明显提高。在购置物品上他们也改变了过去拍脑瓜的做法，从调研师生的需求、调查库存入手，确定购买事项和明细，从"购物"环节保证了买"有用"的东西，提高了物品利用率。他们从以前管好校产的"好管家"，变成了现在用好校产的"服务员"。

"我的岗位是服务对象提供的"，这一理念让我们的图书管理员变成了"书籍推介员"。他们制定了购书流程：调研师生的需求，查看现有图书，确定购买种类，将之分发到全体教职工手中。这些图书或由图书管理员在网上购买、到书市上选择，或由出差的教师购买。任何教师出差时都有购买图书的权利，他们读完后可以在扉页上写上一句推荐语，将之存到图书馆里。图书管理员要翻阅图书，并向全校师生推荐，比如推荐新书、推荐中学生必读名著经典、推出教师必读书目等。"书籍推介员"的角色转变使图书借阅率和阅览量分别提高到原来的 3 倍和 20 倍，图书管理员因此赢得了更多师生的喜爱。

"我的岗位是服务对象提供的"，在这一理念的影响下，一线教师也开始作出改变，他们更加平等地对待每一个学生和家长，关心每一个学生的成长。翟丽荣老师与家长们"相约周五"，每到周五晚上，她都总结一周来学生的表现情况，包括具体表现和综合评价，发飞信给每个家长，对优秀的同学和进步的同学提出表扬，对某方面表现还需加强的学生则与其家长通过电话交流，针对其存在的问题给家长支招。如果是节假日到了，翟老师还会提醒家长帮助孩子制订详细计划；如果是阴雨天，她又会发飞信给家长请其根据天气变化提醒孩子增减衣服。因此，家长和学生对翟老师的满意度变得越来越高了。

除了更加平等地对待每一个学生和家长，教师们更加理解每一个学生，用心呵护他们的成长。郭晓燕老师中途接班，一个学生"行为非常自由"，不管什么时间总是大摇大摆地进出教室，郭老师忍不住说道："你要注意行为，不要太肆无忌惮！"没想到这个学生高声说："我就肆无忌惮了！"郭老师使劲儿压住了火。待平息了自己的情绪后，她真诚地对该生说"对不起"。该生听后显露出惊愕的表情。郭老师继续说："我不应该当着全班同学批评你，再说'肆无忌惮'这个词用得有些重了，老师向你道歉。"听到这话，这个学生的表情变了又变，最终他对郭老师深深地鞠躬说："该说对不起的是我。老师，对不起！以后我再也不会迟到了！"从此，这个同学再未迟到过，其语文成绩从 E 升到 D，又升到 C。他在 QQ 上给郭老师留言说："老师，从你说'对不起'的那一刻我知道了，你是尊重我的！"他的妈妈说："郭老师，孩子在家经常念叨你，说你尊重他！"看，尊重学生会让学生更加尊重你，会让家长更加尊重你！

学校财务大家管

2013 年 10 月，在广文中学二届三次教代会上我们通过了新一届教职工理财委员会名单。委员会由 19 人组成，他们大都来自教学一线，也有的来自相关部门。

教职工理财委员会担负着广文中学财务管理的重任。

广文中学成立后，理财理念深入人心：理财由大家参与，由专业人士做专业的事。所以，一定数额以上的资金预算，都要经过教职工理财委员会审核通过；而招标、购买设备或者物品，则由相关部门的专业人员去做。

每年，我们编制学校年度预算中的"项目支出预算"时，必须经教职工理财委员会审核通过。一般地，我们先征求各部门意见，由各部门提报 5 万元以上的大型支出项目，汇总后再提交给教职工理财委员会研究，通过后再提交给校务委员会。如果校务委员会有意见，必须与教职工理财委员会沟通，双方达成一致意见后方可施行。

年度预算，尤其是"项目支出预算"确定后，由教职工理财委员会监督实施。学校行政办公会确定月度实施计划后，将"项目支出预算"中的各个项目分给相关领导，由他们牵头落实，建立台账和备忘录。在教职工理财委员会月度会议上，我们听取他们对"项目支出预算"实施情况的汇报，并提出改进意见和建议。

教职工理财委员会工作到位，"节约"也就随之落实了。

每月，教学保障处会召开一次教职工理财委员会会议，由主管会计汇报上月度学校各项支出情况，并与去年同期各项支出情况进行对比，制成柱状图详细说明。大家对比每个月各项支出的增减，分析增减背后的原因，共同商讨资金使用的情况。

主管会计还要汇报上月度各部门的支出情况，并进行部门间横向比较，支出较多的部门需分析说明原因，大家探讨是否有减少支出的办法。

仓库保管员要在会上汇报上月度各部门领取办公用品的数量，并进行部门间横向比较，办公用品消耗较多的部门需分析说明原因，大家共同交流探讨节约使用物资的好做法。

水电工要在会上汇报每月学校的水电缴费情况，并提供一年内每个月水电费的柱状图，对水电费较高的月份分析原因，大家共同探讨节约水电的好做法。

水电工、铝合金铆焊维修管理员、小型基建维修管理员、电话缴费人员都要汇报上月度维修所耗费的资金，并提供一年内每个月度维修费的柱状图，对维修费较高的月份分析原因，大家共同探讨是否有可以降低维修费的可能性或做法。

最为重要的是，在纵向和横向对比分析中，我们常常不停地追问：为什么？又为什么？在追问中我们发现了很多问题背后的问题。因为捕捉到了管理中的真问题，并在持续的追问中找到了解决问题的办法，我们的办学水平随之提升了。

目前，各项财物管理的目标、措施已具体分解落实到每个岗位上、每个师生那里。我们设立了师生管理岗，人人兼职，学生获得管理学分，教师纳入管理职责。我们还制定了节能降耗制度、阳光招标制度、阳光采购制度、课桌凳承包使用制度，并通过值班人员的常规督查，推动管理走向精细化。与 2006 年相比，2007 年学校水费由月均 2.5 万元降为 2 万元，电费由月均 2 万元降为 1.2 万元，零工由月均 2000 元降为 980 元，第一次实现了学年转换不购置课桌凳，仅此一项就节约资金 9.1 万元。

"双向评价"激活了阅读

每次进行考后分析时，我们总能听到各科教师一致的抱怨。语文教师抱怨孩子理解力差、作文水平低，英语教师抱怨孩子缺少语感，其他学科的教师抱怨孩子不会审题、分析问题的能力弱。所有的抱怨都指向同一个问题：孩子的阅读能力低下。

一个阅读能力低下的孩子，阅读文章时必然抓不住重点；遇到数学题目时，可能因为题目太长而心生恐惧；对于自然课程中关于热传导、原子量、辐射等叙述感觉似乎是天书。这样，孩子的成绩必然不好，而家长和教师往往武断地认为孩子成绩不好是因为不用功。孩子在内在痛苦和外在折磨的夹击中，逐步走向两极分化，有的孩子甚至选择了自我放弃。

要拯救这样的孩子，只有依赖阅读。苏霍姆林斯基说："思考习惯的形成，在决定性的程度上是取决于非必修的阅读的。如果一个学生只读教科书，把全部时间都花费在准备必修课上，那么学习对他来说就会变成不堪忍受的负担，并由此而产生许许多多的灾难。"在阅读中孩子可以学会思考，逐步形成良好的思维方式。我们坚信，大量阅读必定能提高孩子的阅读能力，而孩子阅读能力的提高必将带动其所有学科学习力的提升。

那么，怎样让阅读走进教师的日常教学，贯穿于各个学科之中呢？我们开始了探索。

　　首先阅读要走进语文学科教学中。于是，在开学初制订的一学期语文教学计划中，我们增设了名著阅读、"语文主题学习丛书"阅读、《广文背诵400篇》阅读的要求。为了让计划落实下去，我们改变了对语文教师的评价办法，不仅考查学生语文基础知识的学习情况，同时考查学生名著阅读、《广文背诵400篇》阅读以及"语文主题学习丛书"阅读的情况。

　　因此，每到期中、期末考试的时候，除了对学生进行常态的试题检测以外，我们还对他们进行名著阅读、《广文背诵400篇》阅读以及"语文主题学习丛书"阅读的测试。测试办法是：以班级为单位按学生实际语文成绩进行排序，由学部确定抽取各班同一名次的学生进行测试，被测学生必须占学生总数的20%以上。我们按学生实际的得分算出各班平均分，每个班学生作文抽测的平均成绩即为全班所有学生的作文成绩，此成绩占20%；名著阅读抽测的平均成绩即为全班所有学生名著阅读的成绩，此成绩占10%。学生的期中或期末考试成绩占70%，三者相加，即为教师的语文教学成绩。此举彻底改变了语文教师抱着课本教字词的局面。

　　教师的积极性被调动起来了，而最重要的是调动学习者的积极性。如何让学生行动起来？我们还是从改革评价入手。期中、期末学生各科的总评成绩，除了期中、期末考试成绩占70%左右外，另有20%—30%是由过程性评价组成的。学生根据学期初制订的阅读计划进行阅读，教师根据其阅读量和阅读成果赋予相应的分数。这样，极大地调动了学生阅读的积极性，他们的阅读能力不断提高。

　　语文学科在教学上解决了阅读问题，英语学科随之跟进。英语教师从作业着手，依据学生的英语水平精心选取他们喜欢或与他们的生活相关的英语视频或英语故事，让他们看后写体会，相互交流展示，他们学习英语的成果同样被纳入过程性评价中。这样，学生学习英语的兴趣增加了，不再感到英语阅读枯燥无味，语感渐渐增强了，学习的进度也加快了。

　　数、理、化、史、地、生、政等学科则着力于阅读教材文本。各学科教师集体备课，编制"学生学习活动案"，活动案分为课前活动案、课堂活动案、达标活动案三部分。课前活动案着重于阅读方法的指导，引导学生学会阅读；阅读文本后学生做学案中的题目，进行自我验收，不会的再阅读文本进行思考，渐渐地，他们学会了阅读。他们学会了在阅读时画出重点内容，学会了用知识框架图总结内容，学会了寻找关键词、信号词进行记忆，学会了理解文本。而上课伊始，教师通过小测验来验收学生把握课前活动案的情况，验收的成绩将被纳入对学生的过程性评价中。

那么怎样保证学生的阅读时间呢？通过评价来保证。学部在教学楼的走廊文化区域设置作业监督台，每日公布各学科教师布置的作业，通过师生相互监督规范了作业，控制了数量，保证了学生的读书时间。

怎样保证可持续性？还是通过评价来保证。各学科教师将验收学案的成绩每周一次张贴在教室墙上向学生公示，并纳入对学生的过程性评价中。学生追求公平、公正，促使教师实事求是，认真批阅，而年级组也把教师验收学案的次数和结果纳入对教师的常规考核中。

各学科的教学慢慢走向正轨，学生加深了对问题的思考，学习方法增多了，课堂上接受知识的能力提高了，这为其学科素养及人文素养的形成奠定了基础。我们对师生的双向评价激活了阅读，把握了阅读，就把握了学生成长的方向。

附：初一上学期语文学科阅读计划

时间	阅读的具体内容	阅读达标及验收方式
第2周		
第3周		
第4周	阅读《广文背诵400篇》	写读书批注，参加经典诵读大赛
第5周		
第6周		
第7周	阅读名著《繁星·春水》	完成《繁星·春水》读后感，在走廊文化区域展示
第8周		《繁星·春水》读书测试

续表

时间	阅读的具体内容	阅读达标及验收方式
第9周	阅读名著《伊索寓言》	完成《伊索寓言》读后感，在走廊文化区域展示
第10周		《伊索寓言》班级读书报告会
第11周	期中复习、考试，阅读名著《西游记》	
第12周	阅读《西游记》	完成《西游记》读后感，读书测试
第13周	阅读"语文主题学习丛书"	主题作文
第14周	阅读"语文主题学习丛书"	年级读书报告会
第15周	阅读名著《格列佛游记》	完成《格列佛游记》读后感，读书测试
第16周	阅读"语文主题学习丛书"	主题作文，在走廊文化区域张贴《格列佛游记》读后感
第17周	阅读《爱的教育》	完成《爱的教育》读后感，读书测试
第18周	阅读"语文主题学习丛书"	主题作文，在走廊文化区域张贴《爱的教育》读后感
第19周	期末复习、考试	
第20周		

"逼"着老师去健身

广文中学有一批"敢于吃苦、乐于奉献"的好老师，到了初三，他们更是把这一文化演绎得淋漓尽致。就是这样一批优秀的老师，一次开学后却有几个人相继请假，有腰椎间盘突出无法下床的宫老师，有颈椎变形压迫神经导致头疼的孙老师、梁老师，有深受失眠困扰的付老师，还有几位面色枯黄、看上去弱不禁风但一直坚持不下讲台的老师。尽管学校工会成立了好几个教职工健身社团，但是老师们都感叹工作忙，压力大，没有时间活动。

分管初三学部的王校长和学部栾主任为此既着急又担忧，老师们往往特别在意工作业绩，却忽视了自己的革命本钱——健康的身体。绝大多数老师的工作状态是，除了站着上课的时间外，其余时间在办公室他们大都坐着，而且一坐就是大半天。王校长每次和老师交流时，都提醒大家提高健身意识，多出去活动，而老师们总说有心无力。我们一直在思考：怎么才能让老师们既讲求工作效率，又能健康快乐地生活？

广文中学一直倡导合作文化，我们在教师评价中注重捆绑评价，引领老师们关注团队发展，重视合作共赢。正是有了这种文化，集体教研才切实落到了实处，学生的学业成绩也始终稳居全市第一。也正是有了这种文化，我们的各项工作才能凝聚所有老师之力，做到最好。那么，可不可以启用捆绑评价机制，推动老师们走出办公室？

学校采用扁平化管理，学部拥有对老师的评价权。捆绑评价的理念全校统一，但每个学部均有权基于自身特点和管理需求制定评价细则。于是，初三学部抓住契机，修订了教师日常考核方案，改变了过去单一考核教学教研的方案，从教学教研、办公环境、阳光健身三个维度入手，形成了独具特色的"温馨家园"评价方案，评价以教研组为单位，满分100分，其中教学教研占40分，办公环境、阳光健身各占30分。教学教研是以前的常规考核项目，在新的评价方案中所占百分比降低了。办公环境由学部组织学生干部每周对教师办公室随机检查打分，目的是督促老师们在整洁舒适的环境中办公。阳光健身则是利用每天上、下午各半小时的大课间时间，倡导老师们跟着学生走向操场，活动形式不限，可以跟着学生跑步，也可以慢走、踢毽子，实在不愿运动的老师在往返的路上晒晒太阳也好。这一项，由工会组长王老师发动、组织、记录考勤并打分。每周汇总三项数据后评选出三个优胜教研组，颁发"温馨家园"流动红旗，并将每月累计得分记入各组任课老师的月度考核中。

此评价方案一出，就在初三学部内激起了不小的波澜。好多老师说："学部倡导大家锻炼身体是好事，但是用评价的方式就让人感觉太不舒服了。"还有老师说："工作的事学部可以管，但是健身是自己的事，学部管得也太宽了。"还有老师说："健身为什么非要去操场，非要大课间去呢？我白天在学校工作，晚上回家自己散步不行吗？"但是，看到那么多老师拼命工作，忽视身体健康，学部主任还是顶着压力，引导老师们，一开始是"逼"着老师们走出办公室，走向操场。物理教研组长岳老师说，自己年龄大、锻炼的惰性大，要是单纯评价个人她就放弃了，但是组内捆绑评价，她不想拖全组的后腿。于是，在捆绑评价的引导下，岳老师形成了健身的习惯，远离了疲劳感，身体越来越健康。

像岳老师一样，一开始多数老师都把去操场健身当成是完成任务，他们不情愿地走向操场，有些老师即便去了操场也只是站在旁边等点名记考勤。为了带动老师们健身，王校长和栾主任率先跟着学生跑步，渐渐地，部分老师加入了跟跑的行列，之后队伍越来越大，其他部门的领导和老师也加入进来，好多老师跑步时还和学生比赛喊口号，不知不觉中大家变得健康了，变得年轻了。如今，当时许多对该评价方案表示过强烈抗议的老师已经把大课间健身当成了一种习惯。

劳逸结合的工作方式、张弛有度的办公节奏，带给老师们的不只是健康的身体，更有舒缓的心情和富有激情的高效工作。

从"管家"走向"导师"

王老师是一名从教多年的历史教师，长期担任班主任。她的认真负责是出了名的，每次见到她时，她总是忙忙碌碌的，她对班级管理真是倾情付出，尽职尽责。她说，"我就是个管家婆"，孩子们的课前准备、课堂表现、课间秩序、自修情况、作业完成情况、入校离校情况、文明礼仪、集会、卫生、安全等大情小事，没有一件她不亲自过问。卫生区打扫得是否干净？哪些学生做值日积极？哪些学生应付了事？有没有学生破坏环境卫生？哪些学生在校内吃零食？学生离开本班教室到音乐教室、实验室、操场上课的路途中，是否有嬉戏打闹现象？有没有可能因此出现安全问题？课堂上孩子们表现得好不好？诸如此类，都在分割着她的时间和精力。她说，班主任工作就是事务篓子、针线笸箩子，班主任就是一个名副其实的"管家婆"。

确保学生安全使班主任倍感压力，因此老师做班主任的意愿不强烈。

而近几年，王老师变了，她依然做班主任，但看上去做得轻松、愉悦。发型设计了一下，衣服穿出了特色，脸部化了点淡妆，整个人变得精神了，也更漂亮了。王老师说："我可不用做'管家婆'了，'339综合素质评价'成了我的好抓手，让我成为名副其实的导师了。"

"339综合素质评价"由3个评价层次、3个评价主体、9个评价维度构成。常规性评价关注过程，注重对学生学习习惯和行为习惯的评价引领。学生从入校开始，就知道学校对自己的一言一行、一举一动的规范要求。在学生需要培养习惯的年龄段，常规性评价多么有价值！而主题性评价则把学生从单一的课堂中引导出来，带领他们走向实践、走向舞台、走向书籍、走向科技、走向艺术，几乎一个人所应具有的素养要求，都能在这里找到影子。各个维度发展形成的"标志性成果"，也使得我们的评价更具有客观性和可操作性，因而赢得了家长、社会的广泛认可。

王老师对学生的学习行为和日常行为一直有明确要求，比如课堂上主动发言、大胆质疑，小组内合理分工、互相帮助。如今这样的要求被评价引领代替：代表小组主动发言者小组得1分，个人得1分；学生大胆质疑其他小组同学的发言，个人得1分。于是，学生们学习有章，行为有序，成长很快。

班级事务最牵扯班主任的精力。如今，她让学生当"官"，每个人负责管理班级的一个事项，如门官负责开门关门，第一个到，最后一个走；讲台官负责擦拭讲台，给上课的老师倒一杯水；卫生管理除卫生委员以外，还有走廊卫生保持员、卫生工具管理员，等等。因为每项工作大家都在监督，都有评价跟进，因而能够很好地落实，班级事务虽然繁杂，但运行得有条不紊。

这套运行机制，让王老师遥控着班级的管理，甚至不出门"便知天下事"。每天早上，各科代表会将没完成作业的学生名单及时送给王老师；每天放学时，她会从学习委员那里获得当日所有学科的作业，以了解学科教师作业布置情况；对于每节课的纪律，她也会通过黑板上纪律委员的写实记录了如指掌。她甚至常常通过常规性评价的写实记录，获知一段时间里学生的情绪波动和各种变化情况。每周、每月通过汇总每个维度学生的表现情况，她能感知到他们在哪些方面可能会出现问题，并及时跟进，及时引导。

她的引导，更多地体现在与学生的个别谈话上。过去，王老师最苦恼的事情就是没有时间，如今，她从班级事务中解脱出来，将更多的时间放在学生身上。每天，她坚持与一个学生谈心；每周，她坚持与需要关注的学生谈话；每个学期，她至少与每个学生沟通两次。在最需要引导的年龄，因为王老师的用心观察、悉心指导、科学引导，孩子们认清了是非对错，知晓了高雅庸俗，明白了进步落后，他们在各项活动中表现优异。

"339综合素质评价"激发了学生参与各项活动的热情。在化学宫老师的班级里，过去，学生参加活动需要宫老师亲自动员，分派任务，调度进展；如今，学生参加活动完全是自主、自觉、自愿的。第七届体育节闭幕式确定"模拟城市运动会入场式展演"后，各班自报城市，但如果与其他班重复，就要通过竞选确定。方案一下达，学生就忙开了——上网搜寻有特点的城市，了解每个城市的特点、特产、历史与文化，选取有特点而又不会和其他班重复的城市。宫老师班的学生初步选定了敦煌古城，进行了大量的准备。后来，他们获悉，杭州没有班级选择，这可是一个很有特点的城市，于是，决定改选杭州，招裔同学负责联系学生发展处更改，柳芳仪同学负责选择服装并策划方案，朱芮娴同学负责训练队列，郭佳琪同学负责查找、收集杭州特色美食，李若彤同学负责制作特色班牌……最终，他们班以十位身着杭州风格旗袍的女生，四位江南才子装扮的男生，外加白娘子与许仙的阵容，向大家展示了江南美女的柔美与婉约和江南 Style 的奔放与热情，获得了入场式第一名的佳绩。整个活动完全由学生策划，他们在活动中锻炼了交往、合作、审美、设计等各方面的能力。

在宫老师的班级，学生不仅自己策划、组织活动，不少学生还担任社团负责人。她班学生进入学生会的人数是最多的，他们的文章时常出现在广文报、地方报纸上，校内宣传栏中的各种学生之星也有不少是她班的学生。

这就是主题性评价的魅力。有的学生可能这个主题发展突出，有的学生可能另一主题最有优势，"339 综合素质评价"注重学生的个体差异，张扬每个学生的特点，彰显每个学生的"闪光点"。在这一评价的引领下，学生的校园生活更加丰富多彩，多元选择让他们的青春大放异彩，而他们的自主管理，也最大限度地解放了教师，使教师真正成为学生的人生导师。

课堂也是家长的

在广文中学，只要有学生在的地方，就有家长在。每间教室、每节课上，都有家长陪伴的身影。

自从家长进入课堂后，教室里的桌椅条凳摆放得更加有序，卫生更加整洁，课堂气氛更加活跃，学生的两极分化开始缩小。

广文中学的家长们达成了这样的共识：孩子的课堂，就是我的课堂。广文中学的孩子们都明白：我在成长，亲子共成长。广文中学的老师们也明白：成长在课堂，合育在课堂。

这一切，都源自广文中学家委会。

新一届家委会一组建，家长委员们就开始探讨如何开展家委会工作。过去常态的工作是家委会成员参与驻校轮值，但离学生远了些。新一届家委会思来想去，决定走进课堂。孩子在校80%的时间是在课堂上度过的，教育的主战场也是课堂，课堂是学校、教师、学生最关注的地方，家长理应走进教育的主战场去寻找工作思路，发现工作切入点。

问题是：家长们该如何走进课堂？走进去干什么？如果不为家长进课堂做好定位，教师会怎么想，学生又会怎么看？

没有调查研究就没有发言权。我们鼓励家委会在调研中寻找自己的位置。于是，他们开始调查走访"摸"情况，座谈交流"聊"情况，走进课堂"看"情况。

那段时间，家委会成员们可忙了。因为白天都有工作，他们大都是晚上开展走访调查。电话寻访、家访、问卷调查等各种方式聚焦一个问题：孩子的学习表现。通过这些方式，家委会收集了不少意见、建议和信息。怎样整合这些意见、建议和信息？他们又集中几个晚上，针对孩子们课堂上的表现，分批召集部分家长面对面交流沟通，探讨教、学、班级管理等问题。在班主任的指导下，家委会成员走进课堂，充分了解教师的教、学生的学、班级管理以及学生的表现情况等。

大量的调研让家委会有了充分的发言权，他们也在调研中找到了自己在课堂中的位置。

首先"定好位"。进课堂的家长首先是协管老师，是班主任助理；其次是学生，是班级的第一班长，只有当好学生，才能更好地管理学生。这样的定位，让家长很容易融入课堂中。

其次"定好时"。家长进课堂的时间与学生上学、放学一样，只要孩子在，家长就在。家长都有工作，不少家长工作特别忙，如何让他们有序、按时进课堂，家委会做了认真的准备。一般来说，每个班级有6个小组，每个小组有近10个学生，也就是有近20位家长（含父母），1个小组负责 1 周（5 天），每天 1 名家长进课堂，同时每个小组有 1 名家委会成员作为协调员，统一组织，提前预约，个人报名，及时调整。家长进课堂有计划、有安排，连续性、时效性都得到了保证。

再次"定好责"。"责"就是责任，只有家长负责任，进课堂才能有效果。晨读、午练、课间纪律、课间活动等家长要全面跟进，随时管理，准确记录，有问题及时反映给相关家长，并提出建议，这就是"1 个家长管 58 个孩子，58 个家长管 1 个孩子"。

家长们走进课堂，才发现了孩子们学习中的问题，诸如学习主动性不强、课后自主学习能力差、家长想帮忙帮不上等。他们把学生分为三类：第一类是自觉性较高、学习成绩好的学生，第二类是自觉性一般、学习成绩中等的学生，第三类是自觉性较差、学习成绩一般的学生。第一类学生一般家长很放心，班主任委以重任，大多数担任班干部，有自信心。而第二类和第三类学生需要帮助，家委会能帮他们做什么呢？

家委会以班级家委会为主体，他们把班级内成绩相近、行为规范和能力相似的孩子组成互动小组，每组 15—20 人。周六、周日、寒暑假等时间，互动小组集体活动，家长与家长互助，学生与学生互助，家长与学生互助。他们在一起预习课程，完成作业，研究问题。孩子们解决不了的问题，请家长指导；家长解决不了的问题，请有经验的教师答疑解惑、传授学习方法。这样，孩子们进步了，家长们也成长了。

班级家委会 QQ 群，也成为推动家长进课堂的重要载体。"家长进课堂"小组负责当周 QQ 群的管理。轮班管理者分享家长当天进课堂的收获，传递正能量；家长们也分享励志故事或者学习方法，上传孩子们当天的作业。QQ 群联结着家长、学生和教师的心，扩大了家长进课堂的实效。

关注教师之关注

2007 年第二学期的期末，是我们进行课堂教学改革、构建"自主互助学习型课堂"所经历的第一个期末，学生的期末考试成绩成为检验我们的课堂教学改革成败的关键，也成为老师们关注的焦点。而老师们怎样进行课堂改革下的复习课教学，提高复习课的教学效率，则成为我的关注点。于是，走进复习课堂，和老师们一同研讨复习课和试卷讲评课的教学方式，实现复习课的高质高效，成为我期末工作的重要内容。

在两周时间里，我抽空听了各学科共 22 节复习课和试卷讲评课，并与老师们一同评课，我的收获很大。课堂变了，但仍有许多值得研究的地方，还有很大潜力，我们完全能够解放自己！

就复习课来说，经过了听课、评课、研讨的过程，我们似乎找到了"自主互助学习型课堂"的复习路径，即学生以小组为单位构建单元知识网络图，或由教师呈现网络图框架，以小组为单位补充完善；学生围绕网络图自主复习，自主练习；小组合作解决难题；教师讲解贯穿其中。很多学科还生成了独具特色的新方法、新方式，如地理学科实行的"小单元整体复习法"，将知识内容整合成若干小单元，使每个小单元自成一体，学习内容集中；历史学科创造了"复习提纲引动复习法"，教师针对每个章节的内容，制定了翔实的复习提纲，引领学生自己建构单元知识网络，自主巩固知识点；物理学科用"问题复习"牵引整个复习过程，同样收到了很好的效果。

就试卷讲评课来说，老师们也明确了高质高效的课堂目标。其基本定位是：学生再用本张试卷考试时万无一失；试卷中涉及的知识点用其他方式测试时学生基本不出问题；解决学生普遍的问题，教会学生答题的技巧和方法。课堂上，老师们关注试卷问题背后的问题，而不是一味地就题论题；有针对性地进行特色题目的分析，让学生体会思维的路径；引导学生总结答题技巧，掌握答题方法。试卷讲评课既基于试题又跳出试题，让学生既掌握了试题，巩固了知识，又把握了方法。

"关注教师之关注"，是我一贯的工作信条。期末时如此，平时更是如此。

2009 年，"54321 自主课堂"经教代会通过后在全校推行，老师们必须行动了！但他们又心存疑虑："这样的课堂行吗？我行吗？"于是，帮助老师们解决疑虑，全身心地投入其中，成为我当时的重点工作。2009 年暑假过后，我和我的团队跟进了一批早已过关的课堂，全程录像，记录流程，整理课堂实录，进行学生满意度调查、达标检测，用"精品课堂八个面"深入剖析理想课堂的要素及特征。我们把课堂点评、课堂分析报告上传到学校资源网上，每个学科教师都可以找到自己学科的资源观摩学习。老师们认真研究后发现：原来，学生喜欢这样的课堂；原来，这样的课堂自己也能操作。

随后，专家团队每日走课评课，推介每个年级的前十个好课堂，将其张贴在醒目的地方，老师们可以现场观摩。这样，好课堂变得越来越好了，也越来越多了。

以创新推动创新

在广文中学教代会通过的对各部门的考核方案中，创新工作占考核总量的 40%。《潍坊广文中学各部门绩效考核方案》规定，对各部门的考核包括常规工作考核、重点和创新工作考核、创先争优考核三部分。考核结果不仅与部门负责人的评价挂钩，还与团队中每个人的评价挂钩。这一评价机制引导着各部门不断发现问题，并创造性地解决问题。因此，每个学期结束，在各部门分享学期工作经验的时候，我们常常会看到创新成果不断涌现。

2012 年 7 月，初三学部陈主任介绍她开创的"AB 俱乐部"的具体做法，引起了干部们的极大兴趣。所谓 AB 俱乐部，就是在初三中考前的复习阶段，各学科有可能获得 A 等、B 等的学生自由组合，形成俱乐部。AB 俱乐部有学部层面的，也有班级层面的。在俱乐部里，学生自己筛选有价值的题目，或者由教师给他们适合的题目，由他们共同研究，共同探索，教师随时指导或者即时点评。经过一段时间，学生认为当下的俱乐部不适合自己了，可以退出并加入其他学科的俱乐部。AB 俱乐部是学生自主组建的，可以自由选择加入或者退出；俱乐部的运行是灵活的，每个学科都有。宽松平等、自由开放的学习氛围极大地解放了学生，他们在适合自己的群体里进行着适合自己的学习，复习效能大大提高，难怪一个一般学部能在 2012 年的中考中获得优异的成绩。

课程管理委员会以精品课堂为载体的磨课机制建设也收获了很大的效能。每个学部的各个教研组，一个学期都要跟进至少两位教师的课堂进行深入研究，用"精品课堂八个面"予以剖析。初二学部以"家长进课堂"为抓手推动课堂改革，成效不菲，初二的课堂已经成为广文校区课堂改革的一道亮丽风景线。初三学部注重完善主题班会及其实施方式。学生发展处以"建立网络化社团活动机制"为抓手，推动了课程建设的多元化。教师发展部以"师德标兵月度评选"和"师德案例日交周评"项目为载体，促进了教师素质的再优化。教务处实施的"构建学校测量体系，让测量为决策服务"等项目提高了学校管理效能。此外，文华校区推行的"班车管理运行机制"等，也使得校园生态大为改观。"多元平台推动新入职教师发展"、"督查责任区机制"等创新项目，体现了各部门教师的创新精神，在实践中产生了很大的效能，取得了"用改革的举措破解发展中的矛盾，用创新的办法解决发展中的问题"的实效。

这些创新项目虽成效明显，但大都是在问题出现以后各部门才开始思考、开创的。如果我们能够预设学校发展、师生发展中的问题，有计划地实施创新，会更有成效。于是，每年暑期在由中层以上干部和骨干教师参与的学校发展战略研讨会上，在研究和确立新学年工作计划的时候，我们总要通过 SWOT 分析，发现学校各个维度发展中的危机，有针对性地预设问题，并实施有计划的创新。在 2013—2014 新学年工作要点里，就有各部门教师提出的 23 项创新项目，它们涉及课程、课堂、学生、教师、管理五个维度。老师们及早查找问题，尽早设计应对方案，学期一开学立即行动，成效更加明显。

有些工作是需要跨部门合作完成的，怎么办？实施项目管理！我们打破了部门和年级界限，围绕工作中亟待破解的难题，由一人领衔主管项目，自主组建由干部、教师参与的项目研究和实施团队，然后由项目主管带动其团队用创新的办法集中破解难题。比如，构建学校管理的"时空坐标系"，就是举全校各部门之力完成的创新项目。学校对纳入立项的创新工作项目，配置足够的项目资金，根据项目要求为他们联系国内外的专家团队，保证研究所需的人力、物力、财力等资源供应，以获得创新实践的最大成效。

学年结束时，是我们对创新工作进行考评嘉奖的时候，同时也是我们对新学年的创新项目进行立项的时候。

创新是广文中学发展的核心竞争力，改革创新是学校工作的主旋律。始终围绕课程、课堂、学生、教师、管理五个维度，按照一以贯之的"常规工作常做常新"的原则，我们不断发现问题，解决问题，力争在所有领域实现新突破，推动工作效能最大化。

《潍坊广文中学行动纲要（试行）》将"改革创新"确立为广文文化，改革创新如新鲜空气，弥漫于广文校园中。2013 年 5 月 17 日和 2014 年 1 月 9 日，潍坊市教育局先后召开现场推介会推介广文中学"适才教育"和"339 综合素质评价"经验，《中国教育报》等多家媒体对我们的创新做法进行了专题报道。

用故事传递文化

每年，挂在办公楼以及校园里的"我爱广文年度人物"宣传页，成为传播广文中学文化的重要载体。2012年"我爱广文年度人物"共有十位，他们有一线教师代表，有二线职员代表，也有干部、学生、家长代表，他们用自己的故事传播着广文中学的文化。

王翀，是2011级学部的年轻数学教师。她大胆进行课堂改革，学生在其课堂上形成了高度自主的学习状态；与此同时，她在班级管理中推行自主管理，建立了"无形式"学生自主管理方式。"工作中，她恪尽职守；创新时，她勇于担当；管理上，她大胆放手。"王翀老师的故事，体现了"学生能做的，老师不能替代"的广文文化。

王灵杰，自己有哮喘，婆婆几乎失明，在文华校区搬迁、生活极为不便的情况下，她毅然到新校区工作。早上给婆婆做好饭，送到邻居家里，中午由邻居温热了端给婆婆。"她淡泊明志，勤谨奉献，挚爱教育，是广文中学的骄傲"，她被老师们称为"大姐"，被孩子们称为"妈妈"，被家长们称为"亲人"。王老师的身上投射出一种广文人"爱生如子、爱校如家"的广文文化。

迟志芳，广文中学第三任家委会会长。她不是学校的正式职工，却天天能在学校里看到她的身影。她只有一个孩子，但广文的学生都喊她"迟妈妈"。她有自己的职业，但把家委会工作当作事业，用真心、爱心、热心创造着家校合育的力量。"家校合育"是广文文化的重要内涵。

……

故事往往能触动人们的心灵，引起人们的共鸣。当这些故事传播开来时，学校文化便自然地被师生接纳了。当学校文化变成全校教职工共同的价值追求时，学校就会在它的引领下迈向新的台阶。

在校园的核心位置有一个每月更换的展板，上面张贴着"月度师德标兵"以及他们的事迹。家长、教师和学生看到的是故事，是标兵们的独特做法，而这些故事同样彰显着广文文化。

广文的校园宣传栏是学生展示的平台，每个学生的特长、其有个性的发展经历在这个平台上得到了传播。

随着节日课程的结束，我们推选出"月度百星"，并一一展示。读书节后，展示"读书百星"；体育节后，展示"体育百星"；科技节后，展示"创新百星"；辩论节后，展出"辩才百星"……

各学部还推出"月度明星"。每个月，只要学生在某一方面有突出发展，就有机会成为"月度明星"，其事迹将被张贴在校园里的宣传橱窗里。我们用这样的做法告诉学生：学校鼓励每个学生发展自己的特长，鼓励发展中的学生，只要努力，随时都有你展示的机会。

学校的价值取向是什么，不是说出来的，而是做出来的。

2010年二届一次教代会上，我们通过了广文中学行动纲要。纲要明确了广文中学发展的愿景、理念，总结了广文百年传承和新广文建设的20条文化。

1. 创造适合学生发展的教育，办人民满意的学校。

2. 用心成就所有广文师生，全力打造初中理想学校。

3. 把我们的行动拿出来研究，把研究成果转化为行动。让"数据"说话。

4. 我们的岗位是服务对象提供的。服务对象的满意度是我们重要的工作业绩。

5. 追求卓越，反对平庸，拒绝低劣。

6. 素质教育必须从课程出发。

7. 不为分数，赢得分数，实现素质教育与一流质量的统一。

8. 师德高品位，专业高学识，能力多方位，研究高水平。

9. 干部准则：公、能、勤、廉、担当、坦诚。甘为人梯，赢得信任，成就他人。

10. 制度是商量出来的。制度第一，校长第二。

11. 学校是师生共同成长的幸福家园。

12. 改革创新，学校才能发展。

13. 恪尽职守，精益求精，雷厉风行，有所作为。

14. 给学生创造成长机会。学生能做的，老师不包办。

15. 生活追求幸福，工作追求卓越。生活上可以照顾，工作上不可以照顾。

16. 在发展学生的同时成就自我。做学生喜欢的老师。

17. 互尊互爱，共同成长，敬业笃志，乐业奉献。

18. 民主管理有 8 个关键词：倾听、计算、沟通、商量、公开、服务、监督、满意度。

19. 优秀做人，成功做事，全面发展，多向成才。

20. 优秀的教师队伍和卓越的干部队伍都是学校的宝贵财富。

附 录

寻找"痛点"背后的真问题
—— 一位校长眼中的校长群体行走路线图

2011年下半年，我们在全国范围内选取了50名不同类别、不同层次的校长，就校长的管理"痛点"问题进行开放式问卷调查，并在汇总中发现有64个问题比较集中，分别涉及校长办学、教师发展、课程与课堂、学生成长、家庭与社会等五个方面。利用寒假，我们又选取了发达地区、中等发达地区和欠发达地区三个地市级区域，面向千名中小学校长，就上述五个方面的"痛点"问题进行排序调查，并对部分问题进行了访谈。分析统计结果发现，"痛点"背后的问题才是校长要解决的真问题。

1.校长急需办学自主权

多年以来，自主办学一直是校长所期盼的。

现代学校制度的一个核心内容就是赋予校长办学自主权。本次调研发现，"上级检查过多又不深入，疲于应付，没有时间做自己想做的事情""校长没有办学自主权，例如没有人事权，难以组合起志同道合的团队""外来行政干扰多，尤其是考核导向与自己的办学思想不一致带来困扰"等问题，在三个区域无一例外地被排在前五位。

从年龄来看，年长的校长对此感受更深，他们对此的排序基本处于前三位。这是因为他们长期受此困扰，还是因为这一问题越来越严重？从区域来看，县镇学校校长受到的困扰最大。

值得注意的是，在中等发达地区和欠发达地区，无论城市、县镇、农村，不管任职时间长短、学历高低、男性女性，校长们均将"上级检查过多又不深入，疲于应付，没有时间做自己想做的事情"排在第一位。这已成为校长无力解决的最大问题，应引起教育行政部门的极大关注。

"一个好校长就是一所好学校"，可前提必须是校长先进的教育理念能够落实。过多的行政干预，使得"校长每天事务繁杂，精力分散，无力专注于重要工作"。因此，进一步理顺政府与学校的关系，推动现代学校制度的切实建立，应该是"痛点"背后的真问题。

从区域来看，发达地区的校长已经不受"政府投入不足，办学经费勉强维持运转，自己的教育理念难以落实"的困扰，而欠发达地区的校长则将其排在第二位，中等发达地区的农村学校校长将其排在第三位。同时，欠发达地区高度关注、排名第一的"安全问题"，在发达地区和城市学校的排序大大后移，在第五位之后。数据再一次显示，办学设施的持续改进、教育经费的大力支持，是确保校长维护校园安全、实践教育理想的前提和基础。因此，进一步加大对西部地区和农村地区的教育投入，是政府应该持续做好的一项工作。

"痛点"背后的观察

调查显示，校长的"痛点"似乎都和政府有关。排名在前的，都是"与己无关"的。而真正能够自己作为的，大多排在后面，而这，才是校长真正要关注的"痛点"背后的问题。

关于"校长办学"的十三个"痛点"问题，其中"学校文化缺失，学校发展动力不足"在三个区域中大都排在十位以后，而"校长缺少品牌立校的能力"则全部排在十三位。学校文化体现着学校的价值取向，影响着学校的决策和师生的教育教学行为，决定着学校可持续发展的动力。然而，校长对此却不太关心。显然，校长更加关注显性的、即时性的问题，而对于隐性的、长远的问题关注不够。

　　另一个问题也不容忽视：同一区域不同任职年限的校长，对相同问题的关注度有显著差异。比如，刚入职的校长最受"安全问题"困扰，他们将之排在前两位；而任职时间较长的校长，大多将之排在五位以后。对于"领导班子创新力、执行力不高，工作欠主动，办学思想难以真正落实"，随着任职年限的增长，校长的关注度也逐渐下降，其中四个任期内的校长比两个任期内的对它的排序普遍降低了三个位次。这说明，即使对于学校中最为重要的事情，随着时间的推移大家也会变得"习以为常"，而问题往往就出现在"习以为常"中。"习以为常"让校长失去了发现问题的能力。

　　善于从平常中捕捉问题，才是当下每个校长应该解决的重大问题。

2.教师队伍可持续发展力亟须高度关注

　　教师队伍的质量决定了教育的质量。在从人力资源大国向人力资源强国迈进的过程中，校长对教师队伍的状况更为关注。

　　本次关于校长对教师队伍关注度的调研，共筛选出11个关注要素，不同区域的校长位于前三位的关注要素有很大的差异。

　　欠发达地区的校长，对教师队伍发展特别困惑。他们将"教师不爱读书，不愿学习，观念落后，而且理由充分"、"教师的理念难以转变，组织教师学习研讨常常引起抱怨"排在了前三位。中等发达地区的农村学校校长也持这样的观点，而城市学校校长则将"教师的理念难以转变，组织教师学习研讨常常引起抱怨"后移了四个名次。发达地区的校长则将该项排在第十位。

　　对于"学校没有对教师工资的再分配权，难以调动教师工作的积极性"，欠发达地区的校长将其排在第一位；其他区域县镇、农村学校校长也都给予了最高关注。统计结果传递出这样的信息：经济似乎成为决定校长在教师发展方面困惑大小的主要因素。

这是一个"真问题"吗？

发达地区的校长最受"教师职业倦怠，尤其是中年教师、骨干教师进取心不强"的困扰；中等发达地区的校长也将其排在第二位。无论任职时间长短，不管是城市、县镇学校还是农村学校，校长们都认为"职业倦怠"已经成为教师队伍建设的大问题。相比较而言，县镇学校教师的职业倦怠感低于城市和农村学校教师；任职时间较长的校长对此的关注度低于任职时间短的校长。

职业倦怠似乎和"教师没有上进心"相关。"教师没有上进心，个人的事情比学校的事情重要，工作推脱，荣誉争抢"，在三个不同区域的调查中，都被校长列入了前五位。

三个区域的校长，对"教师缺少专业化发展的兴趣与能力"的关注度都不高，基本上都将其排在最后。在按任职年限、学历、性别、区域进行的分类统计中，该项也都被排在了后面。相比较而言，发达地区和其他区域城市学校的校长对此的关注度高一些，但也只将之排在近十位。

"痛点"背后的观察

对于教师发展来说，专业化发展的兴趣和能力才是根本要素。在物质被过度追捧的今天，物质刺激当然起着重要的作用，然而，能给教师带来长久愉悦感和动力的，却不一定是物质，而很可能是精神发展。苏霍姆林斯基说："如果你想让教师的劳动能够带给他们一些乐趣，使天天上课不致变成一种单调乏味的义务，那你就应当引导每一位教师走上从事一些研究的这条幸福道路上来。"

在决定不了"教师工资的再分配权"，左右不了教育投入的前提下，如何引领教师走向精神追求，寻找再发展的动力，是校长面临的一个问题。

校长要深入思考和解决的，应该是这样的真问题。他们需要研究：学校应该建立怎样的机制，才能激发和调动教师参与到专业化发展中来？

3.课改的动力从哪里来

课堂是学校教育的主阵地，而课程是学校教育的有效载体。对于校长而言，课堂和课程是日常工作中既重要又紧急的事情，因而也是调查中校长极为关切的问题。

在三个条件不同的区域中，校长最集中的"痛点"是"课堂不高效，教师课堂改革动力不足"，它位居第一位或第二位。在同一个区域内，相比较而言，城市学校校长对此的关注度低。由此可推测，城市学校的教师素质和改革条件比县镇、农村学校要好。那么，对于农村学校校长来说，课堂改革的动力从哪里来？这是必须破解的一个问题。

调研显示，中等发达地区和欠发达地区还深受"课堂教学方式花样繁多，弄不清什么样的方式才是最高效的"的困扰。经济和教育落后地区急于通过改革提高教学质量，而不断涌现的各类教学方式使他们无所适从，尤其是这一区域的城市学校，将此作为第一"痛点"。同一区域分类统计显示，入职时间越短的校长受此困扰越大，入职八年以内的校长对此的关注度位列第一。

从调研结果来看，三个区域的校长对"课堂改革进入高原期，对如何突破有很大困惑"的关注度都不高。特别值得注意的是，他们对"教师的备课过程和质量难以掌控"都给予了很大关注，其综合排序在第三位；分类统计也显示出相同倾向。对于"教师之间不能深层合作，难以资源共享"，发达地区的校长的关注度高于其他区域，同一区域内农村学校校长的关注度高于城市学校。

校长对国家课程二度开发的关注度如何？调研分析显示，总体关注度不高。相比较而言，教育发展好的地区高于其他地区，城市学校高于其他学校。而"校本课程建设不知从何处下手"更是被置于最边缘的位置。此外，在城市学校校长看来，"缺少强有力的，尤其是理论与实践相结合的专家的引领"是工作中的一个"痛点"，而在"不同层次的学校师资、生源、办学条件不一致，但要求一致，越低层的校长压力越大"这一点上，西部地区和农村地区的校长痛感更为突出。

"痛点"背后的观察

对于许多学校来说，课堂改革才刚刚开始。改革是一个漫长的过程，校长对此必须有清醒的认识和足够的准备。

实际上，对国家课程进行二度开发，不仅是国家的要求，更是提高课堂教学效益的需要。只有适应学生的课程，才能最大限度地激发学生的学习兴趣，提高教育质量。课堂教学方式一定要诞生于对学生认知规律、学科规律、教学规律的把握中。机械地模仿，只能是邯郸学步。所以，如何研究教与学的规律，怎样结合学生实际创造适合自己的教学方式，是校长在办学中必须正视的一个重要问题。

组织、引领教师对国家课程进行二度开发，应该成为所有校长关注并予以解决的一个问题。备课是上好课的前提，合作是课程改革尤其是推动农村课程改革的需要。因此，怎样有效地组织同伴合作、提高备课质量，是校长在常规工作中亟须解决的一个重大问题。学校的特色体现于学生，而学生的特色取决于校本课程。因此，厘清学校的培养目标，挖掘可以利用的资源，围绕培养目标开发特色校本课程，也应该是校长的重要任务。

4.对学生进行理想目标教育应当成为当务之急

学生发展是所有教育的起点和终点，校长对学生的教育问题最为关切。

当下，在学生教育中存在哪些"痛点"？校长对于这些"痛点"又有怎样的关注度？调查统计显示，不同区域的校长给出了几乎相同的答案。"学生受社会影响大，思想活跃，越来越难以管理"、"'问题学生'的教育问题"、"学生养成教育效果差，行为难以固化为习惯"、"学生不良习惯的矫正问题"均被排在前五位，尤其是在欠发达地区和中等发达地区。从一定意义上说，这些问题都属于"管理"问题。

分类统计显示，各类校长均把"学生受社会影响大，思想活跃，越来越难以管理"作为第一"痛点"。很多学生"啥都知道，就是不做"以及"知行统一问题"困扰着校长们。

发达地区和其他区域城市学校的校长尤其受"学生养成教育效果差，行为难以固化为习惯"的困扰，并将其排在第一位。"学生的心理疏导问题"也被发达地区的校长排在并列第一的位置。

一份来自某省中学毕业班关于学生心理健康状况的调查报告显示，有强迫症、焦虑、学习压力、适应不良、情绪不稳定五项因子症状的学生人数比例均超过一半，城市重点中学的学生压力更大。据另一份调查问卷（对某大城市六所初中、高中三年级学生发出2400份问卷）显示，44.08%的初中、高中学生觉得课业压力大，23.74%的学生因课业压力沉重而想过自杀。当前，学生心理健康问题已经成为影响学生生命健康、人生幸福的重大问题，必须给予高度关注，全力破解。

心理健康工作最重要的是预防，而不是矫治。预防是校长能做也应该做的工作。预防最重要的是给学生积极的心态，让他们有明确的人生目标。但调研发现，校长对此的关注度并不高。在对12个要素进行排序时，三个区域的校长均把"学生普遍没有远大的人生目标"排在中间位置。其外在表现——"很多学生什么都不喜欢，什么都不想干，没有学习动力和激情"、"学生不愿读名著，过分喜欢'快餐文化'"排序与其相当。对这两个外在表现的分类统计也呈现出相同倾向。

校长们对"迷恋网络，各种挽救措施都收效甚微"、"网络时代使得校长和教师难以与学生沟通"的关注度不高，农村学校校长对此的关注度最低。

三个区域的校长都将"同伴关系紧张带来学生之间的冲突"排在末位，它成为关注度最低的"痛点"。其实，学生来到学校，很重要的一点就是寻找同伴。在询问学生"你有了困惑跟谁倾诉"这一问题时，86%的学生选择跟喜欢的同伴说。

"痛点"背后的观察

随着改革开放的深入、市场经济的飞速发展、外来文化的不断冲击，以及互联网带来的生活方式的改变，中学生的思想认识和行为发生了很大变化，涌现出许多新的特征，传统的管理手段和方式面临着很大挑战。研究当代中学生的新特征，改变传统的管理手段，适应学生成长的需要，是校长面临的真正问题。学生成长中的问题，都可以从理想目标缺失方面找到原因。一项关于少年儿童学习兴趣的调查显示出：有相当多的孩子缺乏内在的学习动机。也就是说，许多孩子可以把书读得非常好，考试成绩也十分优秀，但却不喜欢读书，他们没有目标，失去了读书的兴趣。所以，加强对学生的理想目标教育应当成为当务之急。另外，网络时代必然会带来学生管理、师生沟通等新问题，用发展的眼光看，提前进行这方面的研究，也是校长要面对的一个问题。同伴关系会影响学生的学习，会影响他们理解和处理社会生活问题能力的形成，还会影响他们的社会化及社会能力的获得，更会影响他们的心理健康。实际上，当下中学生中发生的诸多同伴冲突事件，多数是由同伴关系引起的。他们不了解同伴关系对其成长的价值，不知道如何建设良好的同伴关系。因此，关注学生同伴关系的培育，研究良好同伴关系的生长，也应该成为校长在学生发展方面的工作重点。

5.学校要担当引导家庭教育的重任

学生的成长，是学校教育、社会教育和家庭教育共同作用的结果。校长对社会教育、家庭教育存在哪些担忧？"痛点"在哪里？

调查发现，不同区域的校长对同一"痛点"的关注度有所不同。

越是发达地区，校长越是被"社会各界尤其是家庭对学校在孩子的成长上期望值过高"压得喘不过气；同一区域的分类调查显示，城市学校校长的压力大于其他校长。"家长素养不高，不能理解与支持学校教育改革"，被欠发达地区和中等发达地区的校长选中；同一区域的分类调查显示，农村学校校长对此更为关注。家长的素养决定着家庭教育的水平，而家庭教育水平的高低直接影响着学校教育的效果。

调查显示，三个区域的校长都把"家庭教育水平低，学校教育效果5+2=0"列在前三位，而欠发达地区和其他区域农村学校的校长对其排序更靠前。

调查显示，越是教育改革好的地区，校长对"社会及家长对教育的期待与教育之本的偏差"的关注度越低，越不受经济发展状况的影响。显然，教育改革是一个不断靠拢教育之本的过程，必然会影响家长。这些地区在多年的改革中已经影响了家长，学校、家庭对教育的理解趋向一致，校长受此的困扰也就大大降低。

值得注意的是，三个区域的校长对"校长不适应'全民记者'的网络时代"都不予关注，甚至在欠发达地区，很少有人把它作为"痛点"。实际上，随着网络走进人们的日常生活，全民参与信息传播已经成为事实。"全民记者"往往以隐蔽的面孔通过互联网等渠道传播信息，这样容易出现虚假传播。对此，学校必须给予足够的重视。校长们不把它作为"痛点"，并不说明这不是问题和隐患。

校长对"教育是高危行业，校长是弱势群体"、"媒体对教育行业尤其是校长和教师妖魔化"也给予了较高关注，而"办学体制问题"还没有成为大多数校长的困扰。

"痛点"背后的观察

孩子是父母的希望，望子成龙、盼女成凤已成为家长的普遍心态。几乎所有的父母，尤其是成功的父母，都希望自己的孩子在各方面都出类拔萃。于是，压力被传给了孩子，也被传给了学校。因此，如何引导家长全面客观地看待自己的孩子，确立恰当的目标，明了未来社会所需要的人才基本素质和要求，是校长应该作为的事情。

举办家长学校，提高家长素质，提升家庭教育水平，是"痛点"背后的真问题，更是解决此"痛点"的良策。让"社会及家长对教育的期待回归教育之本"，同样需要校长秉承改革创新的意识和勇于探索的精神，并有所作为。

（赵桂霞，原载于2012年3月6日《中国教育报》）

跋

今天，农历2014年夏至日，周六，有雨点飘落，民谚曰"夏至雨点值千金"，而且有清亮的蝉鸣，就在广文中学校园里那几棵见证了百年沧桑与新生的树上。

校对完书稿清样，推开窗子，凝视路灯闪烁中的静谧与葱郁，心情不错。八年来的"且行且思"，终于凝结成呈现在读者面前的这本小书，蓦然感到似乎完成了一项使命。

有此想法已经很长时间了，书中的文章大多在几年前已经完成。之所以今天才呈现出来，是想等待一些验证，毕竟教育的事儿不是都可以立竿见影的。既然广文的毕业生在高中都成长得很好、在大学都发展得很快，普遍被赞誉素质高、能力强，那么何妨拿出来与读者分享呢！

难忘2006年7月12日，我受命到广文中学任校长时，心中充满了忐忑。学校刚刚由两所高中学校的初中部组合而成，4960名学生、340多名教职工，原来的学校文化各异，组合起来的教师诸多不同……从来没有做过校长的我，能行吗？

没有退路。

好在有上级领导的引领。我的"娘家"潍坊市教育局、潍坊市教科院，所有的局领导、院领导和同事们，都给了我适时的关心、帮助。尤其是2007年年初我有幸加盟"创新教育"和"新学校行动研究"，学校发展方向、目标和路径更加清晰，由此我循着"创新教育"、"行动研究"，在"理想学校"的路上走到今天。

好在有学校同事的支持。这些年来，班子的同事、中层干部和所有老师，以及可敬的家长们，都给予了我积极的帮助、支持和可贵的理解、包容。当然，还有我的可爱的历届孩子们，我的所有激情和努力、欣慰和幸福都来自他们。

八年时间不算短，但又在弹指一挥间。这本书，对于广文和我，都只能算是一个分号。谨以此书献给所有的广文人，献给过去、现在和将来关心、关注、关爱潍坊广文中学，以及我本人的人们。

赵桂霞

2014 年夏至日